Bernhard Stahl

Wir bleiben in Verbindung!

Bernhard Stahl

Wir bleiben in Verbindung!

Von Gottes wunderbaren Wegen zu uns

Fromm Verlag

Impressum/Imprint (nur für Deutschland/ only for Germany)
Bibliografische Information der Deutschen Nationalbibliothek: Die Deutsche Nationalbibliothek verzeichnet diese Publikation in der Deutschen Nationalbibliografie; detaillierte bibliografische Daten sind im Internet über http://dnb.d-nb.de abrufbar.
Alle in diesem Buch genannten Marken und Produktnamen unterliegen warenzeichen-, marken- oder patentrechtlichem Schutz bzw. sind Warenzeichen oder eingetragene Warenzeichen der jeweiligen Inhaber. Die Wiedergabe von Marken, Produktnamen, Gebrauchsnamen, Handelsnamen, Warenbezeichnungen u.s.w. in diesem Werk berechtigt auch ohne besondere Kennzeichnung nicht zu der Annahme, dass solche Namen im Sinne der Warenzeichen- und Markenschutzgesetzgebung als frei zu betrachten wären und daher von jedermann benutzt werden dürften.

Coverbild: www.ingimage.com

Contact:
International Book Market Service Ltd., 17 Rue Meldrum, Beau Bassin, 1713-01 Mauritius
Website: www.bookmarketservice.com
Email: info@bookmarketservice.com

Gedruckt in: USA, UK, Deutschland. Dieses Buch wurde nicht in Mauritius produziert.

Imprint (only for USA, GB)
Bibliographic information published by the Deutsche Nationalbibliothek: The Deutsche Nationalbibliothek lists this publication in the Deutsche Nationalbibliografie; detailed bibliographic data are available in the Internet at http://dnb.d-nb.de.
Any brand names and product names mentioned in this book are subject to trademark, brand or patent protection and are trademarks or registered trademarks of their respective holders. The use of brand names, product names, common names, trade names, product descriptions etc. even without a particular marking in this works is in no way to be construed to mean that such names may be regarded as unrestricted in respect of trademark and brand protection legislation and could thus be used by anyone.

Cover image: www.ingimage.com

Contact:
International Book Market Service Ltd., 17 Rue Meldrum, Beau Bassin, 1713-01 Mauritius
Website: www.bookmarketservice.com
Email: info@bookmarketservice.com

Printed in: U.S.A., U.K., Germany. This book was not produced in Mauritius.

ISBN: 978-3-8416-0208-4

Inhaltsverzeichnis

„Wir bleiben in Verbindung!“

Eine Pfingstpredigt zu Johannes 16, 5-15

Text Johannes 16, 5-15:

5 Jetzt aber gehe ich hin zu dem, der mich gesandt hat; und niemand von euch fragt mich: Wo gehst du hin?

6 Doch weil ich das zu euch geredet habe, ist euer Herz voll Trauer.

7 Aber ich sage euch die Wahrheit: Es ist gut für euch, dass ich weggehe. Denn wenn ich nicht weggehe, kommt der Tröster nicht zu euch. Wenn ich aber gehe, will ich ihn zu euch senden.

8 Und wenn er kommt, wird er der Welt die Augen auftun über die Sünde und über die Gerechtigkeit und über das Gericht;

9 über die Sünde: dass sie nicht an mich glauben;

10 über die Gerechtigkeit: dass ich zum Vater gehe und ihr mich hinfort nicht seht;

11 über das Gericht: dass der Fürst dieser Welt gerichtet ist.

12 Ich habe euch noch viel zu sagen; aber ihr könnt es jetzt nicht ertragen.

13 Wenn aber jener, der Geist der Wahrheit, kommen wird, wird er euch in alle Wahrheit leiten. Denn er wird nicht aus sich selber reden; sondern was er hören wird, das wird er reden, und was zukünftig ist, wird er euch verkündigen.

14 Er wird mich verherrlichen; denn von dem Meinen wird er's nehmen und euch verkündigen.

15 Alles, was der Vater hat, das ist mein. Darum habe ich gesagt: Er wird's von dem Meinen nehmen und euch verkündigen.

Liebe Gemeinde!

„Wir bleiben in Verbindung!“

Wann haben Sie diesen Satz zuletzt zu jemanden gesagt ?

Wir bleiben in Verbindung. Wir verständigen uns.

Kommunikation ist das Zauberwort unserer Tage. Menschen stehen in Verbindung über vielfältige Weg der Kommunikation, Handys, Internet. Kommunikation funktioniert, schnell, reibungslos.

Sie ist unterhaltsam, macht Spaß. Neben dem Spaßfaktor ist Kommunikation aber auch lebenswichtig. Sie hält Funktionen in unserer immer komplizierter werdenden Welt aufrecht vom Gesundheits- und Rettungssystemen bis hin zu Flughäfen und vielen anderen Bereichen unserer Infrastruktur. Kommunikation hält Leben aufrecht.

Deshalb müssen diese Systeme stets vor Angriffen geschützt und gesichert werden.

Auch wer nicht viel mit Computern am Hut hat, ahnt, wie abhängig unsere Welt von technisch funktionstüchtiger Kommunikation ist. Kommunikation hält Leben aufrecht und das nicht nur in technischer Hinsicht.

wussten sie schon
dass das wort
oder das tun eines menschen
wieder sehend machen kann ?
einen
der für alles blind war
der nichts mehr sah
der keinen sinn mehr sah in dieser welt
und in seinem leben ?

wussten sie schon
dass das zeithaben für einen menschen
mehr ist als geld ?

mehr als medikamente
unter umständen mehr
als eine geniale operation ?

So fragt Wilhelm Wilms in einem seiner Texte.

Man muss sich diese Worte auf der Zunge zergehen lassen, um nachzuspüren welche Bedeutung Kommunikation in unserem Leben haben kann.

Wenn einer für einen anderen Zeit mitbringt, kann das für einen Menschen in der Tat mehr bedeuten als Geld oder Medikamente. Wie wohltuend kann ein Gespräch sein, in dem wir uns angenommen und verstanden fühlen und nicht abgespeist oder übergangen.

Dabei ahnen wir gleichzeitig, wie oft gerade diese Kommunikation in unserer Welt fehlt, wie viele Menschen es gibt, die das Gespräch mit anderen vermissen, wie viele es gibt, die es gar aufgegeben haben, zu kommunizieren, die sich zurückziehen. Kommunikationsverweigerer – Kommunikationsabbrecher. Was übrig bleibt ist dann oft die Kommunikationswüste.
Wie viele Kommunikationswüsten in unserem Leben gibt es trotz der vielen Worte, der unendlichen Wortschwälle von überall her ? Kommunikationswüsten trotz unendlicher technischer Möglichkeiten miteinander in Kommunikation einzutreten.
Und nun mittendrin in manchem Kommunikationschaos unserer Tage werden wir unterbrochen durch das Pfingstfest. Ach ja, dieses christliche Fest, an dem es ja keine Geschenke gibt, aber immerhin noch zwei Tage frei! Dieses Fest, an dem regelmäßig gefragt wird: Ja, was wird da eigentlich noch mal gefeiert ?!
Eigentlich ganz einfach: Pfingsten ist das Fest einer großen Verständigung, das Pfingstwunder einer gelingenden Kommunikation. Wir hören von Menschen, die von einem besonderen Geist erfüllt sind, wir hören von den Jüngern in Jerusalem, die voll des Geistes sind, die gute Nachricht vom Evangelium zu verkünden und dabei auch von Menschen verstanden werden, die gar nicht ihre Sprache sprechen, und zwar von Menschen aus aller Welt, ein globales Ereignis einer wunderbaren Verständigung. One world, one vision. Eine Welt, eine Vision.

Wir hören im Johannesevangelium von der Kraft des Heiligen Geistes, der den Kontakt zu uns nicht abbricht, sondern mitten unter uns ist und wirkt, der nicht weggeht, sondern bleibt. Wir hören von der Treue Gottes zu uns.
Wir hören von der ganzen Macht der Kommunikation Gottes mit uns Menschen und was diese bewirken kann, welche Kräfte sie in Gang setzen kann und das in schwerer Zeit, in einer Zeit, als der Kontakt der Jünger zu Gott abzubrechen droht. Im Johannesevangelium sehen wir Jesus mit seinen Jüngern. In den etwas schwierigen Sätzen des Evangeliums geht es im Grunde um dieses eine:
„Wir bleiben in Verbindung!“
Egal, was geschehen mag - und Jesus steht sein Weg zum Kreuz vor Augen – egal, wie der Weg weitergehen wird, der Kontakt zu Gott wird nicht abbrechen.
wussten sie schon
dass das wegbleiben eines menschen
sterben lassen kann
dass das kommen eines menschen

wieder leben lässt ?

wussten sie schon
dass die stimme eines menschen
einen anderen menschen
wieder aufhorchen lässt
der für alles taub war ?

Eine solche Stimme hören die Jünger in Jesus. Es ist die Situation eines Abschieds und wie er bewältigt, überstanden werden soll, davon berichten die sogenannten Abschiedsreden von Jesus im Johannesevangelium. Dabei geht es im Grunde immer um die eine Botschaft: Wir bleiben in Verbindung! Was auch immer geschehen mag, so Jesus, mein Kontakt zu euch wird nicht abbrechen! Die biblischen Texte, die uns vom Tröster künden, sagen uns, wie sich der Übergang vom sichtbaren Herren zum unsichtbaren Tröster gestalten wird, diesem Tröster der so viele Namen haben kann: Mutmacher, Beistand, Helfer, Vermittler, Fürsprecher, Anwalt der unschuldigen Opfer, Heiliger Geist, der führt und leitet, klärt und das offene klare Wort sagt, das nötig ist in schwierigen, komplizierten Zeiten.

Ein evangelisches Markenzeichen für Kommunikation findet alle zwei Jahre statt: Der Kirchentag, Entstanden ist dieses protestantische Treffen ursprünglich mal als Treffen von Nicht-Theologen, um sich zu stärken im Glauben, neu aufzutanken, aber auch, um zu einer kritischen Zeitansage für unsere Zeit zu kommen. Tausende Menschen aus ganz verschiedenen Konfessionen und Glaubensüberzeugungen kommen zusammen im Namen des Gottes, den wir in der Dreiheit von Vater, Sohn und heiligem Geist bekennen. Und viele Menschen erfahren dabei immer wieder, dass dieser Geist eine Macht ist, dass er wirkmächtig werden kann, dass Glauben plötzlich sichtbar und wirksam werden kann, Freude auslöst kann in vielen Begegnungen von Menschen, Kontakte knüpfen kann unter Fremden.

Menschen erfahren aber auch, dass unser Glaube auch das prophetische Element in sich trägt, das Mächtige in Politik, Gesellschaft, Wirtschaft und Kultur wachsam dahin schielen lässt, welches Wort Kirche jetzt sagen wird, ein Wort, das manche im geheimen vielleicht auch zittern lassen kann:

„Es soll nicht durch Heer oder Kraft geschehen, sondern durch meinen Geist, spricht der Herr Zebaoth.“ So heißt es im alttestamentlichen Wort aus dem Buch Sacharja zum Pfingstfest.

Wenn auch der Kirchentag ein Fest ist, an dem viele Stimmen zusammen kommen, so ist er doch auch das pfingstliche Fest einer großen Übereinstimmung, einer großen Verständigung, einer Verständigung, die wir, so denke ich, heute brauchen, um uns als Christen zu stärken, eine Verständigung, die aber auch die Welt braucht im kleinen wie im großen oder wie es Wilhelm Wilms in seinen Schlussversen ausdrückt:

wussten sie schon
daß das anhören eines menschen
wunder wirkt
daß das wohlwollen zinsen trägt
daß ein vorschuß an vertrauen
hundertfach auf uns zurückkommt ?

wußten sie schon
daß tun mehr sein kann als reden
wußten sie das alles schon
wußten sie auch schon
daß der weg vom wissen über das reden
zum tun
interplanetarisch weit ist ?

„Nun aber gehe ich heim zu Gott", sagt Jesus im Johannesevangelium, „zu Gott, der mich gesandt hat und keiner unter euch fragt mich, wohin ich gehe; denn euer Herz ist voll Traurigkeit, nun da ihr wisst, dass ich euch verlasse – und das ist gut für euch – glaubt mir, ich sage die Wahrheit, dass ich fortgehe, unter die Himmel."

So die Verse Johannes 16, 5-7 in der Übersetzung von Walter Jens.

Ein Mensch hat den Tod vor Augen. Die Trauer macht die Hinterbliebenen stumm. Die Jünger fragen in ihrer Traurigkeit ihren Herrn nicht einmal, wohin sein Weg in den Tod führen wird.

Aber Gott lässt uns nicht in einer Kommunikationswüste zurück. Seine Wunder finden immer wieder eine Sprache, die uns leben lässt. Sein Kontakt zu uns bricht nicht ab. Das ist das Ereignis und das Fest von Pfingsten. Freude kann aufkommen, Heiterkeit. Die Kommunikation des Heiligen Geistes bricht nicht ab, sondern findet ihren Weg in unserer Welt, dringt zu den Menschen vor, erweckt heilsame Kräfte unter uns. Der heilige Geist richtet Menschen wieder auf, stützt und tröstet uns auf unseren Wegen.

Darüber sollen wir uns als Christen verständigen, miteinander in Kontakt treten aus Anlass des Pfingstfestes und auch darüber hinaus. Jeder von uns ist gemeint und angerufen, wird berührt von seinem Geist.

Am Anfang hieß es: **„Wir bleiben in Verbindung!“**

Wann haben Sie diesen Satz zuletzt zu jemanden gesagt ?

Oft wird er locker dahin gesagt als Abschiedswort in unserer kommunikativen Welt.

In Gedanken bin ich vielleicht schon bei etwas anderem oder schon bei einem ganz anderen Menschen. Dann ist dieser Satz nichts weiter als eine hohle Phrase. Er kann aber auch eine Zusage sein, ein wirklicher Wunsch, ein Wort das mich am Leben hält.

„Wir bleiben in Verbindung!“ Ein Wort, das Leben schaffen und erhalten kann, das zu einem ganzen Evangelium werden kann.

Amen.

Unterwegs im Zeichen des Fisches

Eine Konfirmationspredigt zu Lukas 5, 1-11

<u>Text Lukas 5, 1-11:</u>

1 Es begab sich aber, als sich die Menge zu ihm drängte, um das Wort Gottes zu hören, da stand er am See Genezareth

2 und sah zwei Boote am Ufer liegen; die Fischer aber waren ausgestiegen und wuschen ihre Netze.

3 Da stieg er in eines der Boote, das Simon gehörte, und bat ihn, ein wenig vom Land wegzufahren. Und er setzte sich und lehrte die Menge vom Boot aus.

4 Und als er aufgehört hatte zu reden, sprach er zu Simon: Fahre hinaus, wo es tief ist, und werft eure Netze zum Fang aus!

5 Und Simon antwortete und sprach: Meister, wir haben die ganze Nacht gearbeitet und nichts gefangen; aber auf dein Wort will ich die Netze auswerfen.

6 Und als sie das taten, fingen sie eine große Menge Fische und ihre Netze begannen zu reißen.

7 Und sie winkten ihren Gefährten, die im andern Boot waren, sie sollten kommen und mit ihnen ziehen. Und sie kamen und füllten beide Boote voll, so dass sie fast sanken.

8 Als das Simon Petrus sah, fiel er Jesus zu Füßen und sprach: Herr, geh weg von mir! Ich bin ein sündiger Mensch.

9 Denn ein Schrecken hatte ihn erfasst und alle, die bei ihm waren, über diesen Fang, den sie miteinander getan hatten,

10 ebenso auch Jakobus und Johannes, die Söhne des Zebedäus, Simons Gefährten. Und Jesus sprach zu Simon: Fürchte dich nicht! Von nun an wirst du Menschen fangen.

11 Und sie brachten die Boote ans Land und verließen alles und folgten ihm nach.

Liebe Konfirmanden !

Da ist wieder einer! So heißt es öfters, wenn jemand wieder einmal einen **Fisch** auf der Heckklappe eines Autos entdeckt hat. Ein ganz einfaches Symbol, nur zwei Halbkreise, die die Fischform gerade mal andeuten.

Damit – so die Überlieferung - sollen sich im antiken Rom der Legende nach die ersten Christen begrüßt haben: Einer malte mit dem Stock einen Bogen in den Sand, der andere malte dann einen Gegenbogen und damit entstand das Zeichen, womit man sich als Bruder oder Schwester in Christus erwies.

Wenn dies auch nicht historisch belegt ist, so führt uns das Symbol des Fisches doch in die ersten Tage des jungen Christentums.
Das griechische Wort für Fisch - ***ICHTHYS*** – enthält ein kurz gefasstes Glaubensbekenntnis:

I steht für Jesus
CH für Christus
T für Theos – Gott
Y für Hios – Sohn
Und S für Soter, den Retter.

Jesus, der Christus – auf's engste mit Gott verbunden.
Jesus, der Anfänger von etwas neuem, so wie wir es eben in der Geschichte gehört haben.
So wie die Evangelien ihn zeigen, wollte er vor allem: ***Neu anfangen mit Menschen.***
Die Evangelien erzählen wie Jesus am Anfang seines Wirkens die Menschen ruft.
Fürchte dich nicht! Von nun an wirst du Menschen fangen! Ich mache euch zu Menschenfischern!
So hat es begonnen:
Jesus unterwegs zu den Menschen.
Ja, du bist gemeint! Du wirst neu beginnen, heute, trotz allem, was da sonst noch sein mag. Heute trifft dich sein Blick. Du bekommst einen persönlichen Auftrag und zwar von einem, der dich sieht, **nur dich allein**, der dich herausruft aus der Menge und dich anspricht:
Hier und heute, jetzt und hier kann sich dein Leben radikal verändern, neben allem anderen!
Und sie verließen alles und folgten ihm nach!

So wird es geschildert von den Fischern am See Genezareth, die es ja mit sehr realen Fischen zu tun hatten und die dabei nicht gerade den großen Fang machten. Entbehrungsreiche, mühevolle Kleinarbeit für wenig Gewinn. Aber eben ihr Lebensunterhalt von dem sie abhingen. Und doch heißt es: ***Sie verließen alles.***
Das wird uns heute morgen hier zugemutet, das steckt in diesem Christentum, das gehört mit zum Bekenntnis zu diesem Gott, in dessen Namen wir uns heute hier versammelt haben. Aufbruch radikal. Alles stehen und liegen lassen. Unmöglich, unzumutbar. Nachfolge. Unmöglich?! Wirklich ?! Aber so hat es begonnen mit dem Christentum, bei armen

Tagelöhnern an einem Gewässer einer Randprovinz des römische Reiches. Das steckt darin bis auf den heutigen Tag: Der Ruf in seine Nachfolge. Ein Stachel für die Kirche, eine Herausforderung für sie, zu fragen, was Umkehr, Nachfolge bedeutet für die Kirche selbst und für jeden einzelnen von uns.

Am Anfang war das Wort.

So heißt der berühmte erste Satz des Johannesevangeliums. ‚Ein bisschen wenig!' mag man meinen und doch schafft dieses Wort, schafft diese Sprache eine neue Wirklichkeit.

Das Licht scheint in der Finsternis und es kommt auf uns an, ob wir es begreifen!

Liebe Konfirmandinnen, liebe Konfirmanden, liebe Gemeinde!

Heute ist euer Tag, Tag der Feier und der Freude. Die Familie ist versammelt, Freunde, es gibt gutes Essen, Geschenke. Hier und heute seid ihr im Mittelpunkt und das hat seinen Sinn!

Gut zwei Jahre Konfirmandenzeit liegen hinter euch, Zeit in der ihr vieles gemeinsam erlebt habt. Die Wochenendfreizeit zu Beginn der Konfizeit, dann neben dem Unterricht und Gemeindeleben einige Gottesdienste, die ihr selber vorbereitet habt – den Reformationsgottesdienst im vergangenen Jahr, einen Adventsgottesdienst und natürlich den Vorstellungsgottesdienst in diesem Frühjahr zum Thema „Kirche", dazwischen ein Gemeindefest und noch mal eine Wochenendfreizeit zum Abschluss. Eine ganze Menge also.

Ihr habt euch in dieser Zeit bewegt ***wie Fische inmitten der Gemeinde***. Ihr habt euch in dieser Zeit verändert. Das kann man sehen wenn ihr die DVDs betrachtet mit den Fotos, die ihr geschenkt bekommen habt.

Ihr habt euch in dieser Zeit auch in Eurem Glauben verändert. Ihr seid weiter gekommen auf Eurem Weg im ***Zeichen des Fisches.*** Der Fisch war vor allem in der Anfangszeit des Christentums Zeichen der Kirchengemeinschaft, zunächst noch Geheimzeichen in einer Umwelt, die den Christen an den Kragen wollte. Aber es war auch ein Glaubens- und Erfahrungszeichen in dem vieles aufschimmerte von dem, wie Jesus unter den Menschen wirkte:

- Wie er bei ihnen war, sich zu den Menschen setzte, mit ihnen aß und trank, das Brot teilte und dafür sorgte, dass genug zu essen da war für alle, zeigte, dass Menschen Würde haben und zwar ***alle*** Menschen, dass sie würdig sind, sich mit ihnen an einen Tische zu setzen.

- Zu zeigen, dass Frieden möglich ist, umfassender Frieden, der Shalom Gottes, der zu einer Vision werden kann, zu einer Lebensvision für die Menschen weltweit.

- Das Streben und Wirken für eine Welt, die eben nicht heil, ganz und fertig ist, sondern die sich manchmal windet in Schmerzen, die Menschen ihr antun, die Menschen sich gegenseitig antun, eine Welt, die manchmal aus den Fugen zu geraten droht.

Spätestens dann ist es nötig sich zu erinnern und auch darum dient die ***Konfirmation im wörtlichen Sinne: Dann ist Befestigung im Glauben nötig!***
„Es mag sein, dass alles fällt, dass die Burgen dieser Welt um dich her in Trümmer brechen. Halte du den Glauben fest, dass dich Gott nicht fallen lässt: Er hält sein Versprechen.“ So heißt es in einem Lied von Rudolf Alexander Schröder.
Da war einer, der die Menschen ansprach.
Da war einer, der sie ansah in ihrer Arbeit, ihrem täglichen Einerlei, auch in all ihrer Mühsal und allem schwierigen.
Meister, wir haben die ganze Nacht gearbeitet und nichts gefangen.
Was tun gegen eine solche Not, was tun gegen die versteckten und die offenen Klagen von Menschen damals und heute. Was tun gegen materielle und psychische Verelendung von Menschen damals und heute? Was, liebe Gemeinde, kann in dieser Klage stecken an Vergeblichkeiten, Erfahrungen, die auch Menschen von heute machen?
Da war einer, der sich nicht aufhielt mit Theorien, ***sondern der kam, sah und nicht siegte***, sondern der sich beugte und der zuhörte, der das Brot teilte und den Menschen etwas zutraute: Du – nicht unbedeutend, ein Blatt im Wind, sondern gerade **DU** ***schreibst heute Geschichte!***
Deine Geschichte, die teilhat an der großen Geschichte Gottes mit uns Menschen.
Deine Geschichte beginnt heute und sie hört nicht auf!
Du folge mir nach!
Liebe Konfirmandinnen, liebe Konfirmanden, liebe Gemeinde!
Wir wünschen euch, dass Euch das immer wieder in eurem Leben bewusst wird:
Deine Geschichte beginnt heute und sie hört nicht auf!
Du, folge mir nach!
Dass ihr nicht vergesst, was wir eben gesungen haben:
Dass du lebst war keine eigene Idee!
Dass du atmest, sein Geschenk an dich!

Du bist ein Gedanke Gottes, ein genialer noch dazu.

Du bist du.

Wir wünschen euch heute Gottes Segen für euren Weg. Wir wünschen euch Vertrauen ins Leben hinein. Wir wünschen euch etwas von dem Vertrauen, wie es Rudolf Alexander Schröder in Worte gefasst hat:

„Es mag sein, so soll es sein! Fass ein Herz und gib dich drein; Angst und Sorge wird's nicht wenden. Streite, du gewinnst den Streit! Deine Zeit und alle Zeit stehn in Gottes Händen." Amen.

Eine Hochzeit mit Hindernissen

Predigt am 2. Sonntag nach Trinitatis zu Matthäus 22, 1-14

Die königlichen Hochzeit

Text Matthäus 22, 1-1:

1 Und Jesus fing an und redete abermals in Gleichnissen zu ihnen und sprach:

2 Das Himmelreich gleicht einem König, der seinem Sohn die Hochzeit ausrichtete.

3 Und er sandte seine Knechte aus, die Gäste zur Hochzeit zu laden; doch sie wollten nicht kommen.

4 Abermals sandte er andere Knechte aus und sprach: Sagt den Gästen: Siehe, meine Mahlzeit habe ich bereitet, meine Ochsen und mein Mastvieh ist geschlachtet und alles ist bereit; kommt zur Hochzeit!

5 Aber sie verachteten das und gingen weg, einer auf seinen Acker, der andere an sein Geschäft.

6 Einige aber ergriffen seine Knechte, verhöhnten und töteten sie.

7 Da wurde der König zornig und schickte seine Heere aus und brachte diese Mörder um und zündete ihre Stadt an.

8 Dann sprach er zu seinen Knechten: Die Hochzeit ist zwar bereit, aber die Gäste waren's nicht wert.

9 Darum geht hinaus auf die Straßen und ladet zur Hochzeit ein, wen ihr findet.

10 Und die Knechte gingen auf die Straßen hinaus und brachten zusammen, wen sie fanden, Böse und Gute; und die Tische wurden alle voll.

11 Da ging der König hinein, sich die Gäste anzusehen, und sah da einen Menschen, der hatte kein hochzeitliches Gewand an,

12 und sprach zu ihm: Freund, wie bist du hier hereingekommen und hast doch kein hochzeitliches Gewand an? Er aber verstummte.
13 Da sprach der König zu seinen Dienern: Bindet ihm die Hände und Füße und werft ihn in die Finsternis hinaus! Da wird Heulen und Zähneklappern sein.
14 Denn viele sind berufen, aber wenige sind auserwählt.

Liebe Gemeinde!
Hochzeiten sind zur Zeit topaktuell.
Gerade haben in England Prinz William und Kate geheiratet, schon geht's weiter in Monaco. Und die Augen der Welt sind gerichtet auf das Hochzeitspaar und kaum jemand, der nicht interessiert, oft auch gerührt ist von den großen Feierlichkeiten. Welcher Aufwand, welche Pracht, welche Details da berichtet und erzählt werden! Der schönste Moment des Lebens.
Erinnerungen kommen auf an frühere Hochzeiten, die die Welt bewegten, auch von Hochzeitsfeiern in der Familie von Freunden an die man sich gerne erinnert, Erinnerungen kommen auf, wie es war, Träume davon, wie es sein könnte, wenn jemand das Fest noch vor sich hat. Hochzeiten sind Feste des Lebens, Menschen orientieren sich danach, wer wann und wie geheiratet hat.
So sind Hochzeiten auch immer wieder in der Bibel ein wichtiges Thema.
Wir hören heute vom Gleichnis einer königlichen Hochzeit im Matthäusevangelium.
Aber mal ehrlich: ***Wären Sie gern Gast auf dieser Hochzeit gewesen ?***
Irgendwie geht da doch alles schief! Je länger man liest, desto mehr hat man das Gefühl eines absurden Theaters!
Erst wollen die Gäste nicht kommen, tragen Entschuldigungen vor, warum sie verhindert sind:
Der Bratenduft liegt schon in der Luft, doch die Eingeladenen haben alle was besseres vor:
Der eine muss zu seinem Acker, der andere in sein Geschäft.
Einige ergriffen sogar die Knechte, die zur Hochzeit einluden, verhöhnten und töteten sie.
Daraufhin wird der König zornig, schickt sein Heere aus zum Rachefeldzug und „brachte diese Mörder um und zündete ihre Stadt an", wie es heißt.
Plötzlich wandelt sich hier also das Bild einer schönen, festlichen Hochzeit in eine blutige Szenerie: Statt heller Festfreude ein düsteres Schlachtengemälde mit dunklen Wolken am Horizont. Was soll das ?

Schließlich findet die Hochzeit dann doch noch statt, aber es ist eine Hochzeit mit ganz anderen Gästen: Es sind die von der Straße, die eingeladen, herangeholt werden, wer immer sich finden lässt, Böse und Gute und die Tische wurden voll.
Jetzt könnte man meinen, es sei alles doch noch alles halbwegs in Ordnung gekommen, aber dann kommt schließlich doch wieder Missstimmung auf, als sich tatsächlich jemand findet, der kein hochzeitliches Kleid anhat, wie es heißt.
Dieser wird schließlich auf höchst unsanfte Weise an Händen und Füßen gefesselt und hinausgeworfen. Und so endet diese Hochzeit mit dem Wort:
„Da wird Heulen und Zähneklappern sein.“ - Eine wirklich tolle Hochzeit findet zu ihrem festlichen Abschluss !
Noch einmal die Frage: Wären sie gerne Gast auf dieser Hochzeit ?
Liebe Gemeinde,
man könnte mit dem Kopf schütteln und sich wundern, welche Geschichten in der Bibel stehen und mit einem Lächeln oder Grausen - je nach dem - zur nächsten Seite blättern. Erscheint das ganze nicht wie ein Aufwachen nach einem absurden Traum und man fragt sich: Was soll das bedeuten ?
Aber apropos Bibel:
Gibt es das nicht auch noch andere Geschichten von großen Festen, Hochzeiten und Feierlichkeiten?
Gibt es das nicht auch andere Stellen, an denen zu einem Fest geladen wird und auch da bleiben Gäste fern und es finden sich schließlich Leute von der Straße, von den Hecken und Zäunen ein ?
In der Tat findet sich eine etwas mildere Form dieses Gleichnisses beim Evangelisten Lukas mit der Überschrift in der Lutherbibel „Das große Abendmahl“.
Dabei fällt auf: Auch hier geht es darum, dass Gäste nicht kommen wollen, die eigentlich eingeladen sind. Immer wieder geht es um eine Einladung, die ausgeht, die aber irgendwie ins Leere geht, keiner reagiert, lässt sich davon beeindrucken. Jeder geht seinen Alltagsgeschäften nach und keiner lässt sich im geringsten davon abbringen. Im Matthäusevangelium reagieren die Eingeladenen sogar hochaggressiv und bringen die Boten sogar um.
Zwei Variationen eines Festes mit Schwierigkeiten, die wir da vorliegen haben.
Dabei sind Hochzeiten ja eigentlich Feste des Lebens.

Aber wir wissen auch: Das Leben hat viele Seiten und manche Hochzeiten spielen sich eben auch ab vor einem dunklen Hintergrund.

Manche älteren Menschen erinnern sich noch an die Kriegshochzeiten oder haben sie selber erlebt. Hochzeiten, die gefeiert wurden in dunkler Zeit.

Wie viele solcher Hochzeiten mögen in Deutschland zur Zeit des Krieges gefeiert worden sein?

Heiraten mitten im Krieg: Bilder des Hochzeitspaares und der Bräutigam oder andere Gäste der Hochzeit in schmucker Ausgehuniform. Ein Fest, das sich nur organisieren ließ unter schwierigen Bedingungen und ungewissen Zukunftsaussichten: Heute noch eine schöne Feier, aber dabei die bange Frage: Wie wird dieser Krieg ausgehen ? Und: Werden wir überleben ?

Und so spiegelt sich auch in den Gleichnissen Jesu etwas vom Hintergrund ihrer Zeit.

Was vordergründig absurd erscheint, gehört zur Wirklichkeit unserer Welt, in der es oft widersprüchlich, spannungsreich zugeht, in der Menschen fragen, in welchen Zeiten wir eigentlich leben. Aber mitten darin will Gottes Geist zur Wirkung kommen, für diese Welt kündigt Jesus das Reich Gottes an!

Im Gleichnis von der königlichen Hochzeit wird eine ganze Stadt verheert, eine deutliche Anspielung auf die Zerstörung Jerusalems durch die Römer im Jahre 70 n. Chr.

Der Untergang der Stadt – gesehen als Strafe Gottes. Als Reaktion eines verletzten Gastgebers. Als Reaktion auf Ablehnung des Glaubens, als Ungehorsam, als Gottesgericht.

Verletzte Gefühle eines Gastgebers melden sich da. Es sind starke Gefühle wie sie zum Leben gehören, wie sie auch Religion und Politik prägen. Oft stehen Gefühle im Hintergrund von politischen Entscheidungen. Es sind starke Gefühle, die beachtet werden wollen, die verletzt werden können.

Hinter dem Drama der nicht beachteten Einladungen spiegelt sich auch etwas von Annahme und Ablehnung der Botschaft vom Evangelium, spiegelt sich etwas vom Konflikt der jungen christlichen Gemeinde mit dem Judentum.

Mit dem Gast, der kein königliches Gewand trägt, kann sich die Frage verbinden, wie wichtig uns eigentlich der Glaube ist. Schauen wir nur mal so `rein beim Fest - unverbindlich und ohne Zusage, oder meinen wir es ernst ? Kleiden wir uns dem Anlass angemessen, würdig ?

Nehmen wir den Einlader beim Wort?

Wie wichtig ist uns eigentlich der Glaube an den, der da einlädt? Erkennen wir den Gastgeber? Erkennen wir, wer uns da einlädt zum großen Fest des Lebens ?

Jesus selbst hat in seinem Leben und seiner Botschaft eingeladen zu einem besonderen Leben. Man kann das ganze Leben Jesu sehen als eine einzige Einladung zu leben, Angst zu verlieren, Vertrauen zu lernen, Ja zu sagen zum Leben, das Leben und die Schöpfung zu begrüßen, zu genießen.

Dabei ist er auch auf Schranken gestoßen, auf Widerstand und Ablehnung, schließlich auch auf Gewalt, die ihn schließlich zum Kreuz führte.

Aber seine Einladung steht, ist ausgesprochen für alle, auch für die, die meinen nicht dazu zu gehören, die meinen, sie stehen draußen, im Abseits. Gerade sie werden gerufen, geladen an einen reich gedeckten Tisch.

Und das ist dann eben auch die andere, helle, leuchtende Botschaft dieses Gleichnisses, liebe Gemeinde:

Die große Einladung Gottes an uns, die uns herausruft aus dem alltäglichen, die gehört werden will. Sie erreicht uns mitten im Alltag unserer Welt, mitten in allem, was anstrengend ist, auch in manchen Geschäftigkeiten, sie erreicht uns da, wo wir sie oft nicht erwarten.

Sie erreicht Menschen im Dunkel, lädt sie ein in den Saal voller Licht und Leben.

Wir sind eingeladen, genau hinzuhören in dieser schönen, aber oft auch verwirrenden Welt mit den oft widersprüchlichen Botschaften.

Genau hinzuhören auf Gott, der uns einlädt zum Leben, der uns Mut gibt zum Leben, Mut zum Sein, der uns einlädt auch das schwierige zu wagen, auch das Risiko einzugehen, das Abenteuer zu wagen.

Ich wünsche Ihnen dazu Begegnungen, Gelegenheiten, Momente an denen sie die Einladung Gottes an uns heraushören können mitten im Alltag, in der Vollbeschäftigung oder der Langeweile, in Lust oder Frust.

Ich wünsche Ihnen, dass etwas aufscheint von der Festfreude Gottes in ihrem Leben.

Amen.

Ein Glas Marmelade und andere Wunder des Lebens

Eine Predigt zu Beginn der Ferien

Liebe Gemeinde, liebe Familien!

Bald ist sie nun wieder da, steht vor der Tür: die Ferienzeit.

Nicht jeder fährt weg. Viel ist die Rede von teuren Spritpreisen. Aber irgendwie geht es doch um Urlaub, um freie Zeit.

Dabei ist es ein Kreuz gerade mit dieser Zeit

Zeit, das heimlich und unheimliche Thema unserer Tage:

Viele haben eben ***keine Zeit*** , sie sitzt uns im Nacken wie es heißt.

Andere haben zuviel davon, aus welchen Gründen auch immer, schlagen die Zeit tot.

Dazu kommen die Fragen, wie es in der Zukunft weitergehen wird mit uns - persönlich, mit unserer Welt.

Manche schauen mit bangem Blick in diese Zukunft:

Der Klimawandel macht sich bemerkbar, immer stärker, manch einer spürt Auswirkungen gar an seinen Urlaubsort, wo die Gletscher schmelzen, wo Rinnsale, die man bisher nie wahrgenommen hatte, plötzlich anschwellen zu reißenden Sintfluten werden.

Dazu kommen die Fragen, wie es in unserem persönlichen Leben weitergehen wird: mit mir, meiner Familie, mit den Menschen, die mir nahe stehen.

Werden sich Hoffnungen erfüllen oder Befürchtungen bestätigen?

Es gibt eine Spruch, der lautet sinngemäß:

In aller Sorge um die Zukunft, die uns ganz gefangen nimmt, verfehlen wir das Jetzt.

Bei aller Sorge darüber, was sein wird, scheint in Vergessenheit zu geraten, was ***jetzt*** ist, wie wir hier und jetzt leben und was wir tun.

Damit verpassen wir etwas, vielleicht sogar entscheidendes.

Eine eigentümliche Gelassenheit hat dagegen einen der größten Denker des vergangenen Jahrhunderts, Albert Einstein, ausgezeichnet. Er sagte: „Ich denke niemals an die Zukunft. Sie kommt früh genug." Dabei scheint mir eine Gelassenheit durchzuschimmern, die auch in der Bergpredigt von Jesus zum Ausdruck kommt:

Alltägliche Bilder werden uns vor Augen gestellt:

Wenn es nicht die Sorge um die Kleidung und die Nahrung ist, dann können es alle möglichen anderen Dinge sein, die uns gefangen nehmen.

Das alles hat sein Gewicht und seine Bedeutung.

Es muss ja gemacht werden, wie es so schön heißt.

Das andere gilt aber auch:

Hinter dem alltäglichen Sorgen und Mühen gibt es eben noch ganz viel anderes, das im alltäglichen Sorgen und Mühen oft verdeckt wird. Es ist das, was wir Schöpfung nennen und damit meinen wir, dass alles nicht einfach nur selbstverständlich da ist, sondern, dass diese Welt in der wir leben eben geschöpft, geschaffen worden ist, dass ein geheimnisvoller Wille und Weg sie durchdringt und dass diese Welt zu uns sprechen kann auf ganz verschiedene wunderbare Weise und dass wir dies entdecken können jeden Tag neu auf ebenso verschiedene und wunderbare Weise.

Diese Welt, in der wir leben ist nicht nur ein Ort der Sorge und der Mühsale - das ist sie zweifellos und darüber könnten wir Bände schreiben – sondern sie ist auch ein Ort der Wunder und Geheimnisse, die entdeckt werden wollen und können.

Und dieses Geheimnis will bewahrt werden, nicht erobert und zerstört, ausgebeutet und besudelt, sondern wertgeschätzt und geachtet.

Um dass zu erfahren, ist natürlich die Ferienzeit die ideale Gelegenheit. Dafür braucht es die Unterbrechung von alltäglichen Mühen und Sorgen, braucht es Pausen und Raststätten, an denen wir nicht nur den Tank im Auto mit wertvollem Rohstoff füllen, den wir dann wieder verbrauchen, sondern auch Rastpunkte, an denen ***wir selbst*** wieder an Körper und Geist auftanken können.

Und ich denke, dass dies auf ganz unterschiedliche Weisen geschehen kann:

Der Jesus des Neuen Testaments hat eine bestimmte Art der Naturbetrachtung:

Er lenkt unsere Blicke auf das selbstverständliche und unscheinbare, die Lilie zum Beispiel.

Dies ist eine Pflanze, die ich auf naturwissenschaftliche Art und Weise betrachten, wahrnehmen und beschreiben kann, sogar auch zerlegen und zerstören kann, die ich aber auch als ein wunderbares Lebewesen mit erstaunlicher Komplexität und Anpassungsfähigkeit wahrnehmen kann oder schlicht als ein Wunder in unserer wunderbaren Welt. In der Entdeckung von scheinbar selbstverständlichem dieser Welt werden plötzlich Wunder offenbar, die uns neue Welten eröffnen, ganz andere Sichtweisen und Möglichkeiten, die plötzlich unseren Horizont weiten über alltägliche Sorgen und Nöte hinaus.

Mir kann zum Beispiel ganz plötzlich und unerwartet auffallen, dass meine morgendliche Erdbeermarmelade einen ganz wunderbaren Geschmack hat, der mir bisher noch gar nicht aufgefallen war. Daran kann ich meine Familie teilhaben lassen und dieses Genusserlebnis kann - und sei es noch so klein - dazu beitragen, diese Welt als lebenswert und schön zu betrachten, trotz aller Sorgen und Verpflichtungen, die an mich im Laufe des Tages noch herangetragen werden mögen.

Und natürlich ist das nicht die einzige Erfahrung, aber allein das schon kann ein Baustein sein, auf den sich aufbauen lässt.

Das muss nicht mitten im Urlaub geschehen, sondern ich kann diese wunderbaren Entdeckungen solcher und anderer Art zu jeder Zeit und an jedem Ort machen. Nicht immer stellen sie sich ein und können sich so ergeben, aber es gibt sie und sie können entdeckt werden in dieser unserer Welt, jeden Tag und immer wieder neu.

Zum Schluss noch die Begebenheit mit einer Schulklasse, die eine besondere Aufgabe hatte: Aufgelistet werden sollten die für die Schüler wichtigsten 7 Weltwunder. Und da wurden genannt:

1. Die Pyramiden in Ägypten
2. Das Tadj Mahal im Indien
3. Der Grand Canyon in den USA
4. Das Empire State Building
5. Der Panamakanal
6. Der Petersdom in Rom
7. Die chinesische Mauer

Ein Kind war noch nicht fertig und musste noch abgeben, worauf die Lehrerin fragte, ob sie ihm helfen könnten.

Das Mädchen zögerte einen Moment, sagte aber dann:

Für mich sind die sieben Weltwunder:

Sehen

Hören

Sich berühren

Riechen

Fühlen

Lachen

Lieben

Stille trat ein in der Klasse und Nachdenken über das Gesagte.

Nachgedacht wurde über diese einfachen und doch so intensiven Erfahrungen.

Was bedeutet es z.B., dass ich sehen kann?

Was kann diese Tatsache bedeuten angesichts vieler alltäglicher Plagereien und Ärgernisse! Wir sind ein Wunder in Gottes Schöpfung, viel zu schade, uns nur aufzureiben und zu verschleißen.

Stattdessen lohnt es doch, die Wunder unseres Lebens wahrzunehmen, zu entdecken und das Staunen nicht zu verlernen, ins Staunen und Wundern zu kommen über die kleinen und großen Wunder unseres Lebens.

Diese Wunder wahrzunehmen kann bedeuten, dass sich die Dimensionen des Alltags verschieben können, dass wir Dinge anders wahrnehmen, Beziehungen sich verändern und auch Sorgen und mancher Ärger zurücktritt, in anderem Licht erscheinen.

Liebe Gemeinde!

Ich wünsche Ihnen heute Rastpunkte für Körper und Geist, Orte des Friedens und der Ruhe, Möglichkeiten aufzutanken und Lebenskraft, auch Gotteskraft zu spüren und zwar nicht nur zur Urlaubszeit, sondern immer wieder.

Ich wünsche Ihnen Rastpunkte für ungewöhnliche Wahrnehmungen, neue Erfahrungen von ganz gewöhnlichem und gute Erfahrungen mit Menschen.

Ich wünsche Ihnen gute und lebendigmachende Erfahrungen mit dem Geist und dem Segen unseres Gottes. Amen.

Ein Wort wie eine Perle in unserer Hand

Predigt am 17. Sonntag nach Trinitatis zu Römer 10, 9-17

Text Römer 10, 9-17:

10 Denn wenn man von Herzen glaubt, so wird man gerecht; und wenn man mit dem Munde bekennt, so wird man gerettet.

11 Denn die Schrift spricht (Jesaja 28,16): »Wer an ihn glaubt, wird nicht zuschanden werden.«

12 Es ist hier kein Unterschied zwischen Juden und Griechen; es ist über alle derselbe Herr, reich für alle, die ihn anrufen.

13 Denn »wer den Namen des Herrn anrufen wird, soll gerettet werden« (Joel 3,5).

14 Wie sollen sie aber den anrufen, an den sie nicht glauben? Wie sollen sie aber an den glauben, von dem sie nichts gehört haben? Wie sollen sie aber hören ohne Prediger?

15 Wie sollen sie aber predigen, wenn sie nicht gesandt werden? Wie denn geschrieben steht (Jesaja 52,7): »Wie lieblich sind die Füße der Freudenboten, die das Gute verkündigen!«

16 Aber nicht alle sind dem Evangelium gehorsam. Denn Jesaja spricht (Jesaja 53,1): »Herr, wer glaubt unserm Predigen?«

17 So kommt der Glaube aus der Predigt, das Predigen aber durch das Wort Christi.

Liebe Gemeinde !

„Seid doch mal leiser!

Macht doch mal die Musik leiser, man versteht ja sein eigenes Wort nicht mehr!“

So, liebe Gemeinde, kann man es sicher in vielen Häusern und Familien jeden Tag erleben. Gerade in der letzten Zeit wird das Phänomen „Lärm“ zunehmend ein Thema.

In der vergangenen Woche war es sogar eine Meldung in den Nachrichten: Es ging um den Fluglärm, der für Anwohner von Flughäfen zunehmend zu einer Belastung wird. Das kann sogar gesundheitliche Folgen haben, z.B. Herz-Kreislauferkrankungen. Menschen wehren sich zunehmend dagegen. Bürgerinitiativen bilden sich und gehen dagegen vor.

Wir kennen eine Fülle von Lärmbelästigungen:

Fluglärm, Verkehrslärm, Lärmbelästigungen durch Maschinen und Geräte aller Art, Lärm durch kleine und große Veranstaltungen.

Die moderne Zivilisation und ihre Gesellschaft rückt uns gehörig auf die Pelle. Sie verwöhnt uns nicht nur mit ihren Segnungen, sie macht schlicht und einfach auch ungeheuren Krach in tausendfacher Hinsicht. Sie krankt am Lärm.
Da verwundert es nicht, dass viele Menschen einfache Stille und Ruhe kaum noch aushalten.

Wer sich in dieser Gesellschaft der tausend Töne Gehör verschaffen will, muss tief Luft holen.
Dies muss wohl auch der Apostel Paulus tun, damit er wahrgenommen wird. Ihn beschäftigt die Frage, wie denn das Wort von der frohen Botschaft in der antiken Umwelt gehört werden kann.
Also kommt der Glaube aus der Predigt, das Predigen aber durch das Wort Christi.
So stellt er es fest und so kennen wir es auch: Predigen und Gottesdienste finden vielfach statt.
Paulus hatte in seinen Tagen unterschiedliche Erfahrungen damit gemacht.
Unermüdlich war er ja für seine Botschaft von Christus unterwegs. Das trieb ihn um, das musste er unbedingt unter die Leute bringen.
Denn wenn man von Herzen glaubt, wird man gerecht und wenn man mit dem Munde bekennt, so wird man gerettet.
Wenn er das verkündete, stieß er jedoch vielfach auf Widerstand. Er wurde verlacht, stehen gelassen, so wie in Athen. Im schlimmsten Fall landete er im Gefängnis wie in Philippi.
Aber unbestreitbar war auch: er erweckte auch Neugier und gewann Menschen für den neuen Glauben. Viele ließen sich taufen. Die noch junge Kirche wuchs und wurde rasch größer.
In den Worten die wir eben gehört haben, bekräftigt er das, was ihm wichtig ist, was lebenswichtig werden kann, was allein ihm Halt gibt, was allein für die Menschen seiner Zeit letzter Halt und Rettung war.
Es ist eine Zeit in der ein Menschenleben wenig galt, in der Stiefel dröhnten und Mäntel in Blut geschleift wurden, in der an jedem Tag ein Tritt mit dem Stiefel zu erwarten war. Da ging es jeden Tag ums Überleben ging. Menschen streckten sich nach Rettung aus. In dieser Hinsicht musste das Wort des Paulus sie aufhorchen lassen, ***daß, wenn du mit deinem Mund Jesus als Herrn bekennen und in deinem Herzen glauben wirst, daß Gott ihn aus den Toten auferweckt hat, du errettet werden wirst. Denn wenn man von Herzen glaubt, so wird man gerecht; und wenn man mit dem Munde bekennt, so wird man gerettet.***

Das war ein Rettungsseil für die Menschen, waren neue Worte in ihrem Leben, die sie sonst noch nie gehört hatten.

Hier war ein Lichtblick in allem täglichem Überlebenskampf, hier waren neue Töne zu hören, wo es sonst nur Rohheit gab und gewalttätige Reden geschwungen wurden.

Mitten in allem Lärm und Geschrei in dem das Leben der Menschen unterzugehen drohte, hörten sie auf einmal ganz andere und neue Töne:

Dein Leben ist wichtig. Du bist nicht nur ein Punkt in der Masse, sondern einzigartiges Leben, von Gott wertgeschätzt. Von ihm wahrgenommen und gesehen. Unverstellt gesehen, bekleidet mit Würde, schützenswert, lebenswert – etwas ganz besonderes.

Dies gilt jedem Menschen, nicht nur den Reichen, den Bedeutsamen und Mächtigen und für diese Botschaft braucht es Boten in der Welt. Das muss verkündet werden.

Sie ist immer davon bedroht, unterzugehen in dem Meer von vielen anderen Botschaften, Tönen und Geräuschen. Deshalb vergewissert sich Paulus, woher seine Botschaft kommt:

Also ist der Glaube aus der Verkündigung, die Verkündigung aber durch das Wort Christi.

Welche Sprengkraft dieses Wort haben kann, kann man an Luther sehen. Er wurde auch mal als ein Sprachereignis bezeichnet, weil er in seiner Zeit Paulus wieder neu entdeckte, weil er tief in der Bibel schürfte und dabei Schätze empor holte: Du Mensch, jeder Einzelne bist von Gott in besonderer Weise gesehen, sein geliebtes Kind. Von da aus nahm Befreiung seinen Lauf, diese Botschaft musste wieder neu leuchten und neu verkündet werden.

Welche umwälzenden Folgen und Ereignisse das mit sich brachte, daran denken wir, wenn wir uns am 31. Oktober an die Reformation erinnern

Aber welche Botschaften drängen heute an unser Ohr?

Was hören wir heute in unserer Zeit der vielstimmigen Geräusche und Töne ?

Ich denke, sie lässt sich vernehmen auf ganz unterschiedliche Weise:

Gottes Wege zu den Menschen können ganz verschieden sein.

So heißt es im Text :

Ich ließ mich finden von denen die mich nicht suchten und erschien denen, die nicht nach mir fragten. Jesaja 65,2

Ganz unterschiedliche Wege nimmt das Wort, geht seinen Lauf.

Und so dringt es auch an unsere Ohren:

Das kann geschehen im Krankenhaus, in einem guten Gespräch, einer heilsamen Berührung.

Es geschieht, wo auch immer sich Menschen begegnen.

Neben den vielen anderen Geräuschen gibt es auch dieses Wort, aber dazu müssen wir hinhören.

Für die Menschen zur Zeit des Paulus waren es ***Überlebensworte.***

Auch für uns heute können sie dies werden in einer Zeit, in der vieles laut und dröhnend daherkommt, aber vieles auch übertönt wird.

Es ist eine Zeit in der viele laute Mühlen mahlen, die Menschen beanspruchen und auch drohen zu zermalmen.

Da erscheint ein Wort wie ***„Denn wenn man von Herzen glaubt, so wird man gerecht; und wenn man mit dem Munde bekennt, so wird man gerettet“.*** fast wie eine Zauberformel.

Dieses Wort liegt wie eine Perle, wie ein Amulett in unserer Hand.

Ein solcher Glaube aber hat nichts mit Magie zu tun, auch wenn wir uns manchmal schlichtweg wünschen, es möge doch hier und jetzt ein Zauber wirken. Und doch kann dieser Glaube Wirkmächte freisetzen, Kräfte, die Berge versetzen können, das scheinbar unmögliche möglich machen. Es ist ein Glaube, der uns freimachen kann von den Tönen, die auf uns eindringen, den Ansprüchen, die an uns erhoben werden, er kann den Druck von uns lösen, auf andere hören zu müssen. Er kann uns helfen, zu uns zu finden und bei uns zu bleiben, anstatt nach der Pfeife von anderen zu tanzen. Dazu ist Stille die wichtigste Voraussetzung und das genaue Hinhören.

Hören wir genau hin, liebe Gemeinde, in unserer Zeit der lauten Töne.

Hören wir genau hin auf das, was um uns und in uns geschieht und wir werden erstaunliche Entdeckungen machen.

Hören wir auf heilsame Worte und lassen sie wirken, schätzen wir sie wert.

Dazu wünsche ich uns gute, heilsame Erfahrungen.

Amen.

Ein Erdölspezialist, ein Börsenanalyst, der Prophet Amos und ein besorgter Großvater

Eine Predigt außer der Reihe über einen Propheten mit unbequemer Botschaft

Liebe Gemeinde!

Es ist Dienstag, der 20.April 2010. Ein Mensch springt von einer Plattform in das Meerwasser des Golf von Mexiko. Aus 60 Meter Höhe springt der Arbeiter Paul Green in die Tiefe. Er tut das mit dem Mut der Verzweiflung, denn die Ölplattform auf der er arbeitet, steht in Flammen. Hinter ihm lodern haushohe Flammen, schwarzer Qualm steigt in den Himmel, berstende Explosionen erschüttern die Plattform.

Wie ein Wunder überlebt er diesen Sprung und wird gerettet, wie Gott sei dank viele seiner Kollegen. Eine schreckliche Katastrophe, die mit dem Untergang der Plattform endet, doch die eigentliche Krise kommt erst noch: Das Ölbohrloch, aus dem täglich Tausende Tonnen Öl austreten, kann für viele Wochen nicht gestopft werden – eine Katastrophe für den Golf von Mexiko.

Paul Green erzählt darüber, was aus seiner Sicht auf der Plattform geschehen ist und wie es zu dem schweren Unglück gekommen ist.

Er berichtet davon, welcher Zeitdruck auf der Plattform herrschte um profitabel zu arbeiten, um maximalen Gewinn herauszuholen, er berichtet davon, dass schon lange vor dem Unglück die Bohrstelle nicht mehr gesichert war und somit höchste Unfallgefahr bestand. Für Reparatur und Sicherungsmaßnahmen war aber keine Zeit!

In der Folge kommt immer mehr zutage, von Korruption, Bestechung von Behörden, die ganze Fragwürdigkeit des ganzen Unternehmens „Tiefseebohrung nach Öl". Bisher war das relativ unbeachtet von der Weltöffentlichkeit geblieben. Hauptsache: Das Öl fließt, solange es noch geht!

Gleichzeitig steht der Börsenanalyst Michael Brown an der New Yorker Börse tierisch unter Druck: Die BP-Aktien, von denen er sich noch vor kurzem so viel versprochen hatte, sind in einem spektakulären Sturzflug geraten. Jetzt heißt es flexibel sein: Da hilft wohl nur noch elegant die Fronten wechseln und umsteigen. Michael und sein Kollege stecken schon die Köpfe zusammen und überlegen, wie sie es am besten drehen können.

Schon steigen die Kurse für alternative Energien. Das bringt zwar nicht ganz so viel, aber immerhin ...

Schlimmer ist es dem Rentner Gilbert Sinclair in London ergangen. Über 40 Jahre hat er hart in der BP- Raffinerie geschuftet. Davon hat er gesundheitliche Probleme, vor allem mit seiner Lunge davon getragen. Mit ein paar Aktien seines Brötchengebers BP hat er nach seiner Pensionierung spekuliert und durchaus bescheidenen Erfolg gehabt.

Er hat das weniger für sich getan, als vielmehr für seine Enkelkinder. Die unterstützt er, weil seine Tochter allein erziehend ist und die drei hart kämpfen müssen, um was zu werden in London- Tottenham, wo die Arbeitslosenquote hoch ist. Und seine Boys sollen es doch mal besser haben als er! Doch daraus wird jetzt erst mal nix. Was aus den Aktien wird, steht in den Sternen.

Szenen aus dem Leben von Menschen im Juni 2010. Szenen aus einer Welt, in der die Menschen viele Annehmlichkeiten genießen, in der aber auch harte Gesetze gelten.

Wie anders dagegen auf den ersten Blick eine weitere letzte Szene:

Da steht ein Mann in einfachem grauem Gewand in einem Garten mit kleinen Büschen. Mit einer Hacke bearbeitet er den kargen Boden. Es ist sehr heiß, es geht auf Mittag zu und bald wird er sich in den Schutz seiner einfachen Hütte zurückziehen.

Da betritt ein vornehm gekleideter Mann seinen Garten und schreitet auf den Gärtner zu. Er reißt ihm seine Hacke weg und schreit ihn an:

„Du, Seher, geh weg und flieh ins Nachbarland und weissage nicht mehr in unserem Land, denn du greifst mit deinen Worten den König und sein Heiligtum an!“

Der Sprecher dieser harten Worte heißt Amazja und ist der oberste Priester des Nordreich Israels am wichtigsten Heiligtum des Landes in Bethel.

Der Gärtner nimmt ganz ruhig seine Hacke wieder vom Boden auf und antwortet ihm:

„Ich bin kein Prophet noch etwas ähnliches, ich bin Amos, ein Hirte, der Maulbeeren züchtet. Aber der Herr nahm mich weg von meiner Herde und sagte: Gehe und weissage meinem Volk!“

„Und dieses Weissagen sieht dann also so aus, dass du uns nur Untergang zu verkünden hast, antwortet Amazja, „den Tod unseres Königs durch das Schwert und die Verwüstung unseres ganzen Landes und die Deportation seiner Einwohner !“

„Nicht nur der König, sondern auch du als Priester wirst in einem unreinen Land sterben, deine Frau wird zur Hure werden und deine Familie wird Opfer der Eindringlinge werden. Und Israel wird aus seinem Land vertrieben werden.“ entgegnet der Prophet.

„Weißt du was du da sagst ?!" empört sich da der oberste Priester," Du ziehst unser heiliges Land in den Dreck! Und das, obwohl du genau weißt, was das Land für uns bedeutet ? Das Land, das der Herr unser Gott uns gegeben hat ? Du weißt nicht, was du redest!"

„Was ist denn das für ein Land, von dem du da redest?!" spricht der Prophet zum Priester, „Die Elenden unterdrückt ihr und die Armen verkauft ihr für dumm! Ihr könnt es doch gar nicht erwarten, dass der Sabbat endlich zuende ist und ihr wieder euren sogenannten Geschäfte nachgehen könnt, Geschäfte, bei denen ihr den Leuten heimlich weniger Korn verkauft, aber einen höheren Preis von ihnen fordert!
Ich weiß doch genau, dass jetzt in diesem Moment auf den Marktplätzen in unserem Land die Gewichte an vielen Waagen verstellt werden aus reiner Gier nach Profit! Die Armen bindet ihr mit Schulden an Euch und Geringe bringt ihr in eure Gewalt wegen einem Paar Schuhe! In Eurem Getreide, das ihr feilbietet, ist mehr Spreu als Körner!
Aber währenddessen räkeln sich die Reichen unseres Landes auf elfenbeinverzierten Polsterbetten, essen das zarte Fleisch von Lämmern und Mastkälbern und trinken kübelweise Wein.
Doch Gott spricht: ***Niemals werde ich solche Taten vergessen. Das Land wird erbeben, es wird sich heben und senken wie der Nil, der in der Flut über die Ufer tritt."***
Wütend wendet sich der Priester ab und droht dem Propheten:
„Ich werde unserem König sagen: Der Amos ist ein ganz schlimmer Aufwiegler gegen dich! Dieses Land kann seine Worte nicht ertragen!"
„Es wird leider noch viel mehr ertragen müssen, das Land von dem du redest!" antwortet der Prophet.
Gibt es denn gar nichts, was uns hoffen lassen kann, hast du nur Untergang und Chaos zu verkünden ?
„Es gibt eine Hoffnung, wenn ihr sie nicht verspielt:
„Suchet mich, so werdet ihr leben." ***So*** spricht unser Gott. „Suchet mich nicht an Euren Feiertagen und euren Versammlungen! Eure Brand - und Speisopfern kann ich nicht riechen, Tu weg von mir das Geplärr deiner Lieder und dein Harfenspiel will ich nicht hören!
Stattdessen ströme aber das Recht wie Wasser und die Gerechtigkeit wie ein nie versiegender Bach!"
So oder ähnlich könnte sich der Dialog zwischen dem obersten Priester Amazja und dem Maulbeerbaumzüchter Amos, dem Prophet wider Willen, abgespielt haben.

Es ist eine Szene, die uns überliefert ist im Buch des Propheten Amos, geschehen vor gut 2.700 Jahren.

Unheilige Zustände im heiligen Land, dem Land Israel, wo doch eigentlich Milch und Honig fließen sollen.

Wo doch eigentlich die Früchte des Landes für alle da sein sollen, wo doch die Gesetze der Gemeinschaftstreue des Volkes Gottes aus der Wüstenzeit gelten sollten.

Aber nichts von dem scheint übrig geblieben zu sein.

Dabei weist auf den ersten Blick nichts in diesem Land des Propheten Amos auf ein düsteres Schicksal hin. Das Reich lebt in Frieden und Wohlstand, Handel und Wirtschaft blühen, an den religiösen Heiligtümern werden aufwendige Opfer gebracht. Aber großzügig übersehen die Reichen Korruption und soziale Ungerechtigkeit. Amos übersieht sie nicht. "Wie Löwengebrüll und Donnergrollen schallt es vom Zionsberg in Jerusalem her", sagt er, und Gottes Zorn sei so groß, dass "selbst der Wald auf dem Gipfel des Karmels verdorrt".

Auf den Straßen begegnen Amos Menschen in tiefster Armut. In fünf Visionen sieht er Niederlagen und Zerstörungen, die über Israel kommen sollen, weil das Volk von Gott abgefallen ist. Das hören die Reichen nicht gern. Sie sind sich einig: Der Mann, der so voller Empörung, Leidenschaft und Strenge auftritt, muss weg !Amos fliegt raus aus Israel, wird abgeschoben.

Seine Weissagungen aber erfüllen sich. Keine 25 Jahre später ist Israels Reichtum dahin, das Land von assyrischen Heeren zerstört.

Die Worte des Amos sind uns überliefert im gleichnamigen biblischen Buch, Worte, die uns heute bestürzend aktuell erscheinen mögen: Auch wir leben in einer zerklüfteten Welt. Nach wie vor geht in unserer Welt der Reichtum der einen auf Kosten vieler Armer.

Wer in der Diskussion um den Kurs der Kirche von heute meint, sie solle sich auf ihren „eigentlichen Auftrag" besinnen und die Schaffung gerechter Strukturen allein der Politik überlassen, der muss erklären, wie er mit der Botschaft des Amos und der anderen Propheten umzugehen gedenkt, deren Botschaft mit zum Glauben der Kirche gehört.

Schneidend wirken die Worte des Propheten in unserer Welt, sie schlagen aber auch Schneisen der Orientierung:

„Suchet mich, so werdet ihr leben. So spricht unser Gott." Amos 5, 4

Das ist die große Alternative, die uns zugerufen wird in den Zerklüftungen, den Verschleierungen und den Widersprüchen dieser Welt.

Suchet mich so werdet ihr leben!

Das trifft auch auf unsere Welt zu, in der arme und reiche Menschen leben, in der du und ich vorkommen und beteiligt sind.

Es trifft zu auf die kleinen wie die großen Akteure in unserer Welt, auf einen Menschen wie Paul Green, oder wie immer er auch heißen mag, der auspackt und die Wahrheit sagt. Auf Menschen wie Michael Brown, die an der Börse das große Geld machen.

Oder an Gilbert Sinclair, der mit seinem kleinen Hab und Gut versucht, seinen Enkeln etwas Gutes zu tun.

Wie auch immer wir uns verhalten und in dieser Welt positionieren, so kommen wir doch darin vor und übernehmen Verantwortung in welcher Form auch immer.

Für sie alle, für uns alle gilt:

Suchet mich, so werdet ihr leben. Das gilt für uns, die wir leben in einer Zeit, die viel Annehmlichkeiten und Bequemlichkeiten mit sich bringt, aber auch viele Fragen aufwirft.

Wir alle sind verstrickt in diese Fragen unserer Welt. Alles hängt mit allem zusammen.

Das sollten die kleinen Szenen vom Anfang zeigen. Auch wir verbrauchen das Öl, das von BP und anderen Konzernen ausgebeutet wird.

Öl, das als kostbarer Rohstoff im Laufe von Jahrmillionen aus den Resten früherer Vegetation auf der Erde entstanden ist, das wir aber in wenigen Menschengenerationen aufgebraucht haben werden.

Öl – ein kostbarer Rohstoff, von dem schon ein Tropfen reicht, um 1.000 Liter Wasser zu verunreinigen.

Auch wir haben damit zu tun. Alles hängt mit allem zusammen.

Aber auch das gilt:

Gott schaut auf seine Menschen und seine Welt. Darauf vertrauen Christen.

Auch mein Leben ist wichtig genug, dass Gott darin vorkommen will.

So haben wir eben gebetet.

Damit ich das glauben kann, ist Gott in Jesus Mensch geworden. Kein Mensch ist bei Gott verloren.

Uns ist viel anvertraut. Wir können wirken in der Welt, die Gott uns anvertraut hat, können agieren, etwas tun, nicht zuletzt in unseren Kirchen, wir können uns darüber austauschen und vielleicht auch Anstöße, Fragen, auch Provokationen in diese Welt sagen und etwas bewegen.

Uns bewegen und andere. Neben aller Ruhe auch gesegnete Unruhe bewirken, da wo es nötig ist.

Neben allen Fragen auch zu bemerken, dass es auf mich, auf jeden Einzelnen ankommt in dieser Welt Gottes, dass er sich nicht damit abfindet und es so belässt wie es ist.

Suchet mich, so werdet ihr leben.

Wir sind auf die Spur gesetzt, eine besondere Spur und dazu, liebe Gemeinde, wünsche ich uns seinen Segen, heute, morgen und alle Tage wieder neu.

Amen.

Der Blick auf den Menschen

Predigt am vorletzten Sonntag des Kirchenjahres zu Matthäus 25, 31-46

Text Matthäus 25, 31-46:

31 Wenn aber der Menschensohn kommen wird in seiner Herrlichkeit und alle Engel mit ihm, dann wird er sitzen auf dem Thron seiner Herrlichkeit,

32 und alle Völker werden vor ihm versammelt werden. Und er wird sie voneinander scheiden, wie ein Hirt die Schafe von den Böcken scheidet,

33 und wird die Schafe zu seiner Rechten stellen und die Böcke zur Linken.

34 Da wird dann der König sagen zu denen zu seiner Rechten: Kommt her, ihr Gesegneten meines Vaters, ererbt das Reich, das euch bereitet ist von Anbeginn der Welt!

35 Denn ich bin hungrig gewesen und ihr habt mir zu essen gegeben. Ich bin durstig gewesen und ihr habt mir zu trinken gegeben. Ich bin ein Fremder gewesen und ihr habt mich aufgenommen.

36 Ich bin nackt gewesen und ihr habt mich gekleidet. Ich bin krank gewesen und ihr habt mich besucht. Ich bin im Gefängnis gewesen und ihr seid zu mir gekommen.

37 Dann werden ihm die Gerechten antworten und sagen: Herr, wann haben wir dich hungrig gesehen und haben dir zu essen gegeben, oder durstig und haben dir zu trinken gegeben?

38 Wann haben wir dich als Fremden gesehen und haben dich aufgenommen, oder nackt und haben dich gekleidet?

39 Wann haben wir dich krank oder im Gefängnis gesehen und sind zu dir gekommen?

40 Und der König wird antworten und zu ihnen sagen: Wahrlich, ich sage euch: Was ihr getan habt einem von diesen meinen geringsten Brüdern, das habt ihr mir getan.

41 Dann wird er auch sagen zu denen zur Linken: Geht weg von mir, ihr Verfluchten, in das ewige Feuer, das bereitet ist dem Teufel und seinen Engeln!

42 Denn ich bin hungrig gewesen und ihr habt mir nicht zu essen gegeben. Ich bin durstig gewesen und ihr habt mir nicht zu trinken gegeben.

43 Ich bin ein Fremder gewesen und ihr habt mich nicht aufgenommen. Ich bin nackt gewesen und ihr habt mich nicht gekleidet. Ich bin krank und im Gefängnis gewesen und ihr habt mich nicht besucht.

44 Dann werden sie ihm auch antworten und sagen: Herr, wann haben wir dich hungrig oder durstig gesehen oder als Fremden oder nackt oder krank oder im Gefängnis und haben dir nicht gedient?

45 Dann wird er ihnen antworten und sagen: Wahrlich, ich sage euch: Was ihr nicht getan habt einem von diesen Geringsten, das habt ihr mir auch nicht getan.
46 Und sie werden hingehen: diese zur ewigen Strafe, aber die Gerechten in das ewige Leben.

Liebe Gemeinde und heute in besonderer Weise liebe Konfirmandinnen und Konfirmanden!
Am Ende des Kirchenjahres häufen sich die Texte, in denen es um das Gericht Gottes geht. Gericht – da zuckt mancher zusammen. Eine Gerichtsszene flößt immer Respekt ein. Wo gerichtet wird, da droht auch Strafe. Da steht Strenge im Raum. Da wird ja irgendwie immer ein Urteil gefällt und das behagt uns gar nicht. Kommt das Gericht ins Spiel kommt auch die Staatsgewalt ins Spiel mit ihrer Macht. In Gerichtsprozessen geht es darum, die Wahrheit zu finden und schließlich auch ein Urteil zu fällen, das dann ein Beschuldigter zu akzeptieren hat.
Da zuckt mancher zusammen, denn irgendwie – auch wenn ein Prozess gar nichts mit uns zu tun hat-, so spüren wir doch die Möglichkeit, dass es ja auch mal mich treffen könnte. Mit dem Gericht wollen wir wohl möglichst wenig zu tun haben.
Heute hören wir von dem Gericht aller Gerichte.
Es geht um das letzte Gericht, das Gericht Gottes am Ende aller Zeiten, das Gericht über die ganze Welt. Eine gewaltige im Grunde unvorstellbare Szene:
Gott hält Gericht über die Menschen. Wie wird das sein?
Wie würde das aussehen, wenn das wirklich Realität würde?
Ein Bild, das letztlich Angst und Schrecken auslöst.
Das hat die Menschen und auch die Kirche jahrhundertelang beschäftigt.
Die Vorstellung davon ist uns eben vor Augen gemalt worden:
Der Menschensohn Jesus erscheint als Hirte, aber auch als Richter, der die Schafe von den Böcken scheidet, der bestimmt, wer zu den Erben des Reiches gehört und wer zu den Verdammten gehört.
Es geht um die Scheidung von gut und böse, es geht auch um drohende Verurteilung. Und das kann Angst und Schrecken auslösen. Im Gericht Gottes, im jüngsten Gericht, wird Jesus zum Richter. Das hat schon immer Furcht und Schrecken ausgelöst.
Das war es auch, was dem Mönch Martin Luther Angst gemacht hatte und gefragt hatte: Sieht so der Glaube aus ? Ist dies das letzte, was uns bevorstehen wird?

Aber schauen wir genau hin, wie dieses Gericht sich vollzieht, wie es zu seiner Urteilsfindung kommt.

Unser Blick wird gewendet auf den Menschen.

Das Kriterium der Urteilsfindung wendet den Blick auf den Menschen in seiner ganzen Bedürftigkeit:

35 Denn ich bin hungrig gewesen und ihr habt mir zu essen gegeben. Ich bin durstig gewesen und ihr habt mir zu trinken gegeben. Ich bin ein Fremder gewesen und ihr habt mich aufgenommen.

36 Ich bin nackt gewesen und ihr habt mich gekleidet. Ich bin krank gewesen und ihr habt mich besucht. Ich bin im Gefängnis gewesen und ihr seid zu mir gekommen.

Alles was ihr getan habt, einem von diesen meinen geringsten Geschwister, das habt ihr mir getan!

Liebe Gemeinde,

damit wird unser Blick aus dem Gerichtssaal weggewandt hin zum Antlitz des Menschen.

Und dieses Antlitz des Menschen ist nicht das Antlitz des schönen, gesicherten, gepflegten Menschen in guten Lebensbedingungen, sondern das Antlitz des Menschen, der – aus welchen Gründen auch immer – unter die Räder gekommenen ist: wir sehen die Bilder von hungernden und durstenden Menschen, von Menschen auf der Flucht, von Menschen, die nichts anzuziehen haben, von kranken Menschen, die es nötig haben, besucht zu werden, von gefangenen Menschen, ob rechtmäßig verurteilt oder zu Unrecht im Gefängnis.

Dahin wird unser Blick gewendet und in den Gesichtern dieser Menschen erscheint das Antlitz von Jesus selbst:

An unserer Haltung zum Menschen entscheidet sich, wer wir sind, wie wir handeln.

Und daran, liebe Gemeinde und liebe Konfirmandinnen, liebe Konfirmanden, zeigt sich doch auch worauf es im Glauben eigentlich ankommt:

In Eurer, jetzt vor euch liegenden Konfirmandenzeit werdet ihr viel erfahren, wird es viele Informationen geben, über das, was zum Glauben und Christentum gehört.

Und das ist wichtig, z.B. das Glaubensbekenntnis, das wir eben gehört haben.

Das ist das eine.

Wichtig ist aber auch, in dieser Zeit des Glauben-Lernens auf die Spur des Menschen zu kommen, auf die Spur der Menschen, so wie Jesus sie gesehen hat.

Unsere Blicke werden auf den Menschen gewendet:

Nehmt wahr, was unter Euch geschieht, mit wem ihr es zu tun habt.

Schaut in die Gesichter der Menschen und ihr werdet mich darin wiederfinden!

Schaut auch in die Gesichter der Menschen, die im Schatten stehen, die vergessen sind.

Die hungrig sind und durstig, nicht nur nach Brot und Wasser, sondern auch nach einem menschlichem Blick, einem guten Wort, die sich danach sehnen, wahrgenommen zu werden.

Die fremd sind oder sich fremd fühlen, die nur wenig Geld haben für Kleidung, die krank sind oder gefangen sind, entweder in einer Haftanstalt oder auch in sich selbst gefangen sind.

Mit der Wendung unseres Blickes hin zum Menschen, verändert sich unser Bild vom Gericht: Es kommt nicht darauf an, wie wir uns Bilder vom Gericht Gottes ausmalen.

Das alles entscheidende Gericht – es findet nicht irgendwann statt, in welchen Bildern auch immer man es sich vorstellen will – es findet dann unter uns statt, wenn wir Menschen vergessen, abschreiben, wenn wir wegsehen.

Es findet statt, wenn wir Menschen mit denen wir leben, auch diejenigen, die am Rande stehen, die wir nicht als schön empfinden, in ihnen nicht auch das Antlitz Gottes sehen, wenn wir ihnen ihre Würde absprechen.

Deshalb kommt es nicht allein darauf an, Glaubenssätze zu wissen, sondern denjenigen, der neben mir sitzt und lebt wahrzunehmen als geliebtes Kind Gottes, als gewollt und geschätzt von ihm wie auch du selbst geschätzt und würdig befunden werden willst, wie du selbst von Gott wertgeschätzt wirst.

Dazu braucht es immer wieder Zeit, Momente der Ruhe und der Erinnerung und dafür ist – so denke ich - Kirche da, als eine Gemeinschaft, die Gemeinschaft von Jesus.

Diese Gemeinschaft in seiner Nachfolge mit allen Erfolgen und wichtigen Schritten, auch mit ihren Fehlern, wird immer neu zusammen gerufen. Sie festigt sich im Abendmahl, vergewissert sich immer wieder neu und erfährt dabei auch Vergebung, so dass wir uns nicht vor dem Gericht fürchten müssen.

Es ist eine Gemeinschaft, die wie auch wir als Konfirmandengruppe erleben zum Beispiel am vergangenen Wochenende in unserer Freizeit. Ich hoffe, dass wir weiter so gute Erfahrungen machen können und in dieser Gemeinschaft auch voneinander lernen, dass wir uns alle im Blick behalten und niemand da herausfällt.

Weggewandt werden unsere Blicke von den Bildern des drohenden Gerichts hin zum Menschen in seiner ganzen Bedürftigkeit.

Gewendet darauf, worauf es letztlich ankommen wird:

In einem Lied von Ludger Edelkötter und Alois Albrecht heißt es:

"Jetzt ist die Zeit, jetzt ist die Stunde.
Heute wird getan oder auch vertan,
worauf es ankommt, wenn er kommt.

Der Herr wird nicht fragen:
Was hast du gespart,
was hast du alles besessen? Seine Frage wird lauten:
Was hast du geschenkt, wen hast du geschätzt,
um meinetwillen?

Der Herr wird nicht fragen: Was hast du gewusst,
was hast du Gescheites gelernt?
Seine Frage wird lauten:
Was hast du bedacht, wem hast du genützt,
um meinetwillen?

Der Herr wird nicht fragen: Was hast du beherrscht,
was hast du dir unterworfen? Seine Frage wird lauten:
Wem hast du gedient, wen hast du umarmt,
um meinetwillen?

Der Herr wird nicht fragen: Was hast du bereist,
was hast du dir leisten können?
Seine Frage wird lauten:
Was hast du gewagt, wen hast du befreit,
um meinetwillen?

Jetzt ist die Zeit, jetzt ist die Stunde.
Heute wird getan oder auch vertan,
worauf es ankommt, wenn er kommt."

Dazu wünsche ich uns in der Konfirmandenzeit, dazu wünsche ich uns allen gesegnete Erfahrungen.

Amen.

Eine weitere Hochzeit mit anderen Hindernissen

Predigt im Gottesdienst der Kreissynode des Evangelischen Kirchenkreises Recklinghausen, am 21.11.2009 (am Samstag vor dem Ewigkeitssonntag)

zu Matthäus 25, 1-13(Von den klugen und törichten Jungfrauen)

Text Matthäus 25, 1-13:

1 Dann wird das Himmelreich gleichen zehn Jungfrauen, die ihre Lampen nahmen und gingen hinaus, dem Bräutigam entgegen.

2 Aber fünf von ihnen waren töricht und fünf waren klug.

3 Die törichten nahmen ihre Lampen, aber sie nahmen kein Öl mit.

4 Die klugen aber nahmen Öl mit in ihren Gefäßen, samt ihren Lampen.

5 Als nun der Bräutigam lange ausblieb, wurden sie alle schläfrig und schliefen ein.

6 Um Mitternacht aber erhob sich lautes Rufen: Siehe, der Bräutigam kommt! Geht hinaus, ihm entgegen!

7 Da standen diese Jungfrauen alle auf und machten ihre Lampen fertig.

8 Die törichten aber sprachen zu den klugen: Gebt uns von eurem Öl, denn unsre Lampen verlöschen.

9 Da antworteten die klugen und sprachen: Nein, sonst würde es für uns und euch nicht genug sein; geht aber zum Kaufmann und kauft für euch selbst.

10 Und als sie hingingen zu kaufen, kam der Bräutigam; und die bereit waren, gingen mit ihm hinein zur Hochzeit, und die Tür wurde verschlossen.

11 Später kamen auch die andern Jungfrauen und sprachen: Herr, Herr, tu uns auf!

12 Er antwortete aber und sprach: Wahrlich, ich sage euch: Ich kenne euch nicht.

13 Darum wachet! Denn ihr wisst weder Tag noch Stunde.

Liebe Synodalgemeinde!

Als wir im Frühjahr diesen Jahres mit einer Reisegruppe unterwegs waren „Auf Luthers Spuren“, da haben wir sie in Erfurt gesehen: Am Eingangsportal des Domes stehen sie, eine Steinmetzarbeit aus dem 14. Jahrhundert:

Auf der einen Seite die *klugen*, auf der anderen die *törichten* Jungfrauen.

Ihre Darstellung ist ein kunstgeschichtliches Motiv, das häufig an gotischen Kirchen zu sehen ist. Stolz und aufrecht sind die klugen Jungfrauen dargestellt, ihre Öllampen brennen. Feierlich geschmückt freuen sie sich auf die bevorstehende Hochzeit.

Mit hängenden Köpfen und traurig dagegen die fünf anderen, die törichten Jungfrauen. Ihre Öllampen haben sie noch bei sich, aber weil sie nicht mehr brennen, halten sie sie nur achtlos in der Hand, meist nach unten geneigt. Ihre Gesichter sind voller Trauer, drücken Entsetzen aus, sind schmerzverzerrt. Sie kamen zu spät, nachdem sie endlich das Öl nachgekauft haben. Für sie ist die Tür bereits verschlossen und der Bräutigam lässt sie nicht mehr hinein.
Freude und Überschwänglichkeit auf der einen Seite, Tränen und Trauer auf der anderen.
Beinahe ein wenig höhnisch, selbstgerecht sehen die klugen Jungfrauen aus.
Und dann sind da noch zwei weitere Frauenfiguren zu sehen, auf jeder Seite eine: Sie symbolisieren die ***Synagoge*** und die ***Ekklesia.***
Auf der Seite der törichten Jungfrauen steht die Synagoge, auf der Seite der Klugen die Kirche.
Eine verhängnisvolle Identifizierung. Eine Identifizierung, an der wir noch heute zu tragen haben, die uns begegnet beim Thema Juden und Christen und uns erinnert an eine schwierige Geschichte. Die uns vor Augen führt, was dabei herauskommt, wenn man vorschnell identifiziert.
Es scheint ein menschliches Bedürfnis zu geben, Rollen zuzuweisen.
Wer sind die Törichten, die Versager?
Es scheint ein großes Bedürfnis danach zu bestehen, Etiketten zu verpassen, Stereotype zu bedienen. Und sind solche Etiketten erst einmal produziert, sind sie dauerhaft und haben lange Halbwertszeiten.
Damit schafft man sich was vom Leib. Eine sichere Entsorgung.
Es ist doch beruhigend, wenn von vornherein feststeht, wer sich des Heils sicher sein kann und wer der Dumme ist.
Letztlich muss man es wohl auch als eine Strategie sehen, sich diesem Gleichnis mit seinem schneidenden Aufruf zur Wachsamkeit und mit der realen Möglichkeit, dabei doch nicht ausgerüstet zu sein, zu entziehen.
Geht es aber darum, eilfertig zu identifizieren, wer zu den Klugen, den Sorgsamen gehört und wer zu den Nachlässigen ?

Wie hören wir *heute* dieses Gleichnis?

Wir hören es in einer Zeit, in der das Etikettieren, Diffamieren, Hochjubeln und Fallen lassen von Menschen in schneller Taktfolge geschieht.
Wir leben in einer Zeit, in der das in die Ecke stellen schon bald zum guten Ton gehört.

In der das dumm da stehen lassen zur Leistungsbilanz gehört.

Wir hören es am Ende eines Jahres in dem der Begriff „Amoklauf" durchaus Chancen hat, zum Unwort des Jahres zu werden.

Wir hören dieses Gleichnis am Ende des Kirchenjahres im Monat November, dem Monat der fallenden Blätter, einer Zeit, in der uns stärker als sonst im Jahreslauf die Begrenztheit unseres Lebens bewusst wird.

In der viele an den Verlust eines geliebten Menschen erinnert werden, an dem manche Gefühle noch einmal schmerzlich aufbrechen.

Wir hören es auch in einer Gesellschaft, in der viele diese Zeit am liebsten überspringen möchten, die gar nicht warten wollen auf den Advent, sondern schon lieber ***jetzt*** die Adventskerzen anzünden wollen.

Es ist eine Gesellschaft, die Angst hat, etwas zu verpassen, die die Kunst des Multitasking preist, in der Grenzen nicht mehr akzeptiert werden, sondern allerorten an ihrer Überwindung gewerkelt wird.

Auf der anderen Seite ist es eine Zeit, in der viele Menschen Angst davor haben abzurutschen, Angst vor dem Verlust des Arbeitsplatzes oder überhaupt keine Arbeit mehr zu finden.

Das alles gehört sozusagen zur ***Nachtsituation*** des Gleichnisses. Es ist die ***Nacht der Welt***, in der die jungen Frauen auf den Bräutigam warten.

Und zu dieser Nachtseite gehört eben auch, dass die eine Gruppe der Frauen nicht ausreichend gerüstet ist.

Für sie bleiben die Türen der Festgesellschaft geschlossen.

Eine harte Konsequenz dieser Gleichnisgeschichte. Um so schärfer und dringlicher erscheint deshalb die Mahnung des Schlussappells

Wachet! Denn ihr kennt weder Tag noch Stunde!

Es ist ein Appell der aufrütteln kann, der uns bewusst werden lässt, dass es auch ein zu spät in unserem Leben geben könnte: Zu spät, noch etwas zu ändern. Zu spät, noch einmal das Gespräch gesucht zu haben. Zu spät für einen Besuch. Zu spät, damit anzufangen, wofür ich mir schon immer mal Zeit nehmen wollte.

Erfahrungen, die mit dem Satz zusammengefasst werden können: ***Wer zu spät kommt, den bestraft das Leben.***

Das alles ist die harte Seite dieses Gleichnisses, ***Totensonntagsgedanken*** – wenn man so will.

Man könnte auch sagen Bußerfahrungen, die ans Ende des Kirchenjahres gehören. Manch einer will das nicht gerne hören, möchte lieber die Adventskerzen schon jetzt anzünden und es gemütlich haben.

Und doch ist diese Zeit auch Chance und Gelegenheit, Wahrheiten auszusprechen, mit sich selbst ein Stück klarer und reiner zu werden, Chancen auch zur Befreiung zu kommen, die ich mir vielleicht nehme, wenn wir zu früh die Adventskerzen entzünden.

Novembererfahrungen eben, die aber in dieser Zeit ihren guten Platz und Sinn haben. Ich möchte diese Zeit nicht missen und ihr ihren Ort belassen.

Liebe Synodalgemeinde!

Zu dieser Zeit gehört aber auch, dass wir unsere Blicke richten auf den, der da kommt! Und damit kommen wir zu der hellen Seite dieses Gleichnisses, dass da nämlich

helles Licht von einem großen Fest auf die Straßen dringt, dass lautes Rufen den Bräutigam ankündigt und sich damit große Freude regt!

Immer wieder unterbrechen die Gleichnisse Jesu unsere Welt auf heilsame Weise und lassen eine andere Welt durchscheinen, die plötzlich Möglichkeiten eröffnet, wo keiner solche vorher sah.

Und immer wieder spielen Feste dabei eine große Rolle. Feste, die das alltägliche durchbrechen, die spielerisches möglich werden lassen können, die Menschen verwandeln können und Freude hervorbringen.

Auf unsere oft novembertrübe Wirklichkeit fällt ein Lichtschein von Gottes neuer Welt, fällt schon jetzt etwas von seinem großen Advent. Und auch davon dürfen wir nach der dunklen Seite dieses Gleichnisses dann doch auch heute schon reden, von der tröstlichen Seite dieses Gleichnisses und uns darauf freuen!

Mit dem Fest, auf das sich die Frauen freuen und vorbereiten, scheint etwas auf von einer beinahe unerträglichen Leichtigkeit des Seins, wie in einem schönen und leichten Traum, einem Sein, das Gott schenken kann.

Es scheint etwas auf von seinem großen Shalom, der für uns gegeben wird, eine heilsame Unterbrechung in allen Abläufen dieser Welt.

Es scheint etwas auf von Hoffnung für diese Welt mit allen ihren Hoffnungslosigkeiten, dass da doch Gottes Vorbehalt noch ist, der auch die größte Hoffnungslosigkeit noch verwandeln kann.

Da ist von der Freude einer Hochzeit, der Hochzeit des Lebens selbst die Rede.

Es geht um den Himmel, der kommt, ein Fest, aus dem ein heller Lichtstrahl in die dunkle Nacht der Welt hineinscheint und diese erhellt, der einlädt mitzufeiern. Es geht um die Treue Gottes zu uns! ***Es ist ein Fest, das du einfach nicht verpassen darfst !***

Der Himmel der ist, ist nicht der der Himmel der kommt, wenn einst Himmel und Erde vergehen.

Der Himmel der kommt, das ist der kommende Herr, wenn die Herren der Erde gegangen, wie es unverwechselbar bei Kurt Marti heißt.

Und im Lichte dieses Bräutigams wird alles anders.

Denn der Himmel der kommt, das ist die fröhliche Stadt und der Gott mit dem Antlitz des Menschen!

Liebe Synodalgemeinde!

Auch das gehört für mich zum Wach sein, zum Wachen heute, dazu:

Gott zu suchen im Antlitz des Menschen, in den vielen Antlitzen, denen wir begegnen.

Dabei auch auf den Menschen zu treffen in seiner Bedürftigkeit.

Auf den Himmel zu weisen, der kommt, der Welt ohne Leid wo Gewalttat und Elend besiegt sind.

Dafür zu wirken in aller menschlichen Vorläufigkeit, aber auch nach unseren menschlichen Kräften und Möglichkeiten.

Dass wir nicht vorschnell Etiketten verleihen, sondern bei uns bleiben und dem, was wir tun können für uns und für andere.

Und ist noch nicht offenbar geworden ,was wir sein werden. Wir wissen aber: wenn es offenbar wird, werden wir ihm gleich sein, denn wir werden ihn sehen, wie er ist. So heißt es im 1. Johannesbrief 3,1-2.

Und ist noch nicht offenbar geworden, was wir sein werden.

Das ist sicherlich unsere Situation. Deshalb ist Wachsamkeit vonnöten. Und dieses Warten ist es doch wohl auch, das uns verbindet bei aller Unterschiedlichkeit mit Israel und dies ist eines der wichtigen Themen im Gespräch mit dem Judentum. Dabei kann es keinen Platz geben für Überheblichkeiten welcher Art auch immer und es hat auch kein Etikettieren und Rollen zuweisen stattzufinden, wohl aber doch die selbstkritische Frage der Kirche, ob wir ***unserem*** Auftrag der Wachsamkeit auch gerecht werden.

Wir bleiben als Kirche unterwegs hin auf eine Zukunft, die Gott uns offen hält. Das ist unsere gute Hoffnung.

Wir schmecken im gemeinsamen Mahl schon etwas von seiner kommenden Welt. Wir können miteinander feiern, gelassen und auch mal ausgelassen, im Vorgeschmack auf seine Welt, im Vertrauen darauf, dass er mit uns unterwegs ist, nicht erst irgendwann, sondern auch schon jetzt und hier, mitten unter uns und dazu wünsche ich uns gute, hoffnungsvolle Erfahrungen. Mit Kurt Marti gesagt:

„Der Himmel der kommt, grüßt schon die Erde, die ist, wenn die Liebe das Leben verändert.“

Amen.

Ich zünde eine Kerze für DICH an !

Predigt zum Ewigkeitssonntag zu Offenbarung 21, 1-7

Text Offenbarung 21, 1-7:

1 Und ich sah einen neuen Himmel und eine neue Erde; denn der erste Himmel und die erste Erde sind vergangen, und das Meer ist nicht mehr.
2 Und ich sah die heilige Stadt, das neue Jerusalem, von Gott aus dem Himmel herabkommen, bereitet wie eine geschmückte Braut für ihren Mann.
3 Und ich hörte eine große Stimme von dem Thron her, die sprach: Siehe da, die Hütte Gottes bei den Menschen! Und er wird bei ihnen wohnen, und sie werden sein Volk sein und er selbst, Gott mit ihnen, wird ihr Gott sein;
4 und Gott wird abwischen alle Tränen von ihren Augen, und der Tod wird nicht mehr sein, noch Leid noch Geschrei noch Schmerz wird mehr sein; denn das Erste ist vergangen.
5 Und der auf dem Thron saß, sprach: Siehe, ich mache alles neu! Und er spricht: Schreibe, denn diese Worte sind wahrhaftig und gewiss!
6 Und er sprach zu mir: Es ist geschehen. Ich bin das A und das O, der Anfang und das Ende. Ich will dem Durstigen geben von der Quelle des lebendigen Wassers umsonst.
7 Wer überwindet, der wird es alles ererben, und ich werde sein Gott sein und er wird mein Sohn sein.

Liebe Gemeinde!

"Damit ist es jetzt vorbei!"

So sagte eine Witwe im Rückblick auf ein reiches gemeinsames Leben mit ihrem Mann, der nach schwerer Krankheit verstorben ist.

„Damit ist es jetzt vorbei!"

empfinden auch viele im zu Ende gehenden Jahr. In den Gottesdiensten zum Ewigkeitssonntag wird der verstorbenen Angehörigen gedacht und die Namen all derer verlesen, die im Laufe des vergangenen Kirchenjahres in der jeweiligen unserer Kirchengemeinde bestattet wurden.

Der Tod eines Menschen ist ein sehr einschneidendes Ereignis. Für viele eine persönliche Lebenskrise. Sie scheint Innehalten und Neuorientierung geradezu herauszufordern. Nach der

Erledigung der Formalitäten und der Trauerfeier empfinden sich viele wie in einem Vakuum, aus dem alle Luft gewichen zu sein scheint, die für das eigene Leben aber so wichtig ist.

"Damit ist es jetzt vorbei!"

Das haben hier in Herten gerade vor kurzem Menschen gesagt und empfunden, die schockiert waren über den Unfalltod des 10jährigen Mädchens in unserem Ortsteil. Große Betroffenheit war die Reaktion und ich glaube nicht, dass das meiste nur Sensationsgier war, sondern wirkliche Trauer und Betroffenheit über einen plötzlichen Tod in einem unserer Stadtteile.

Große Trauer und Tränen war auch die Reaktion der 5.Klasse der Realschule auf ihren Tod. Es war ein trauriger Morgen für ihre Mitschülerinnen am Morgen danach.

Die Rektorin hatte eine Kerze entzündet und es bestand für die Kinder die Möglichkeit, einen Wunsch, einen Gedanken auf eine Karte zu schreiben. Bei leiser Musik konnten Mandalas gemalt werden und die Schüler konnten ein wenig zur Ruhe kommen. In einem Stuhlkreis konnten später weitere Gedanken geäußert werden und anschließend unternahm die Klassenlehrerin einen Spaziergang mit den Kindern. Und wir hatten schon den Eindruck, dass dies alles bei allem Schrecken den Kindern gut getan hatte und ein Stück weit Trauer und Sprachlosigkeit aufgefangen hat.

Am Freitag war dann die abschließende Trauerfeier in der Kirche Maria Heimsuchung. Vor dem Altar neben dem Portrait von Laura konnten wiederum Wünsche und Gedanken, kleine Erinnerungen abgelegt werden. Ein Satz, der mir besonders aufgefallen war, war von zwei Freundinnen.

Sinngemäß hatten sie notiert: ***Laura, wir vermissen dich und wir fürchten uns.***

Was mich daran so beeindruckte, war, dass in diesen Sätzen die Furcht so ganz unmittelbar zum Ausdruck kam. Schrecken und Angst vor dem Tod. Menschen rücken zusammen, werden verunsichert, ducken sich geradezu weg vor der Gewalt des Todes.

Der Tod verbreitet Angst und Schrecken.

Das ist die Macht, gegen die anscheinend kein Kraut gewachsen ist.

Oder doch ?

Wir haben das tröstliche Bild vom himmlischen Jerusalem gehört und davon gesungen. Erreichen uns aber die Bilder dieses Sehers Johannes auf der Insel Patmos aus dem 1.Jahrhundert n.Chr. ?

Ich denke, liebe Gemeinde, wenn wir uns diesem Bild nähern wollen, kann es helfen, sich auf die einfachen Dinge des Lebens zu besinnen.

Manchmal kann es helfen, sich auf die elementaren Dinges des Lebens zurückzuziehen.

Ich zünde eine Kerze an – das kann eine solche elementare Geste des Lebens sein.

Ich zünde eine Kerze für DICH an.

Damit kann ein Mensch gemeint sein, den ich verloren habe, es kann ein lebendiger Mensch sein, dem ich etwas wünsche oder an den ich denken will.

Langsam füllt sich der dunkle, leere Raum mit dem warmen Schein der Kerze.

Und mit diesem Licht wird vielleicht nicht alles anders, aber es verändert sich doch etwas außen und auch in mir.

Zorn und Bitterkeit, Wut und Trauer treten ein wenig zurück und lassen milderen Gedanken und Gefühlen ihren Lauf. Das Gespräch mit jemandem unter Kerzenschein wird anders, warmes Licht leuchtet auf und die Stimmung wird heller, leichter, gelassener und an der einen oder anderen Stelle vielleicht sogar heiter.

Das Licht der Kerze macht es innen und außen hell.

Licht scheint in der Finsternis.

Es sind wohl diese ganz kleinen, von uns eher gering geschätzten Aufbrüche, Lichtpunkte, die uns vielleicht etwas ahnen lassen von der großen Vision des hell scheinenden Bildes vom himmlischen Jerusalems.

Standen aber nicht zu Anfang dieser Vision gerade jene Worte und Taten eines einfachen Rabbis aus einer Randprovinz des römischen Reiches ?

War da nicht einer, der sich den Menschen zuwandte, ihnen zuhörte, sie annahm, so wie sie waren, der Ausgegrenzte, Unberührbare berührte und wieder in die Gemeinschaft mit anderen führte, der Gefangene befreite, an den Rand Gedrängten das Evangelium verkündete, Zerschlagene wieder aufrichtete, Fertige getröstet hat, Hungrigen zu essen gab, Nackte wieder kleidete, Blinden die Augen öffnete und Lahme wieder auf die Beine brachte, der die Schreie von Gequälten nicht überhörte und schließlich die Tränen von den Augen der Menschen abwischte ?

Ganz am Anfang begann das alles ganz klein. Am Anfang war die Wahrnehmung des Menschen in seiner Angst, seiner Not. Und dann kam das lösende Wort, die befreiende Tat. Lichtpunkte in einer Welt, in der sich Menschen wegduckten vor der Gewalt, wegduckten und sich fürchteten vor der alltäglichen Gefahr des Todes.

Aber: Ein Licht scheint in der Finsternis.

Immer wieder ist im Neuen Testament von diesem Licht die Rede, das in die Welt gekommen ist, das scheint in aller Dunkelheit der Welt und des Todes.

Hat das strahlende Bild vom himmlischen Jerusalem nicht letztlich darin seinen Ursprung ? Sind die lebendigen Bausteine dieser Stadt nicht gerade aus dem Material seiner Liebe gebaut?

Schimmert in ihnen nicht das Licht, das durch ihn in die Welt gekommen ist?

Kann man aber dann nur davon reden, dass das Bild dieses neuen Jerusalems nur die Vision einer fernen Zukunft ist ?

Wenn dieses Bild einen Sinn haben soll, dann doch nur, wenn es unser Leben auch schon im Hier und Jetzt erreicht, so wie es Jesus vom Gottesreich gesagt hat.

Könnte es nicht sein, liebe Gemeinde,

- dass genau dieses himmlische Jerusalems an manchen Stellen in unserem Leben, an Orten, wo wir es vielleicht gar nicht vermuten doch schemenhaft wahrnehmen lässt, gleichsam durchscheint und schimmert an unseren Lebensorten, auch hier in unserer Stadt, an unserem Ort, da wo wir leben?
- dass etwas von ihr hinter grauen Novemberfassaden durchschimmert, von unserer Welt verwandelt, verändert wird, wo immer etwas von dem geschieht, so wie er gelebt hat, so wie ***er*** uns gerufen hat zur Nachfolge und wo wir in ***seiner*** Nachfolge stehen?
- dass trotz der Realität von Gewalt und des Todes in unserer Welt etwas durchschimmert von seiner Gerechtigkeit, seinem neuen Sein, in dem der Mensch wieder heil wird und ganz und neu.

Könnte etwas durchscheinen von dieser Stadt mit ihren zwölf Toren, die für alle offen ist, in der niemand herrscht, sondern in der Gott selbst anwesend ist und tröstet ? In der er den Menschen so nahe ist, dass er selbst ihre Tränen abwischt. Johannes sieht, was kein Auge je gesehen und kein Ohr gehört hat. Er sieht, was man sich kaum vorstellen kann: Das Ende der Zeit mit allem Leid und den Beginn der ewigen Herrlichkeit. Er sieht eine neue Erde, einen neuen Himmel, eine Stadt ohne Tränen, ohne Tod, ohne Leid, ohne Jammer, ohne Mühsal.

Niemand sage, dass wir eine solche Stadt nicht nötig hätten. Und so ist dieses Bild vom himmlischen Jerusalem für mich zugleich Zuspruch und Anspruch:

Der Zuspruch, dass Gottes Sein im Werden ist, dass er trotz allem dunklen und fragwürdigem, allem schwierigen und ungeklärten doch am Werke ist und seine Welt nicht lässt, dass er unterwegs ist zu seinem großen Advent.

Und dass wir ***mit ihm*** unterwegs sind in dieser Zeit und in dieser Welt.

Etwas scheint auf von der Stadt, von dem himmlischen Jerusalem, so wie Johannes es gesehen hat, etwas leuchtet auf davon, wenn wir eine Kerze anzünden für uns selbst und das Licht weitergeben unter uns.

Wird es möglich sein, liebe Gemeinde, dass wir dann den Schritt gehen können gehen vom sogenannten Totensonntag hin zur ersten Kerze als Zeichen seines großen Advents ?

Amen.

Bist du es, der da kommen soll, oder sollen wir auf einen anderen warten ?

Predigt am 3.Advent zu Matthäus 11, 2-6

Text Matthäus 11, 2-6

2 Als aber Johannes im Gefängnis von den Werken Christi hörte, sandte er seine Jünger
3 und ließ ihn fragen: Bist du es, der da kommen soll, oder sollen wir auf einen andern warten?
4 Jesus antwortete und sprach zu ihnen: Geht hin und sagt Johannes wieder, was ihr hört und seht:
5 Blinde sehen und Lahme gehen, Aussätzige werden rein und Taube hören, Tote stehen auf und Armen wird das Evangelium gepredigt;
6 und selig ist, wer sich nicht an mir ärgert.

Liebe Gemeinde!

Bist du es, der da kommen soll, oder sollen wir auf einen anderen warten ?

Das ist die Frage des Johannes.

Es ist eine Frage aus dem Gefängnis.

Dort sitzt Johannes als ein politischer Gefangener, als ein Unbequemer jener Tage.

Johannes der Täufer, der Prediger in der Wüste unerschrocken und wortgewaltig, der Umkehr predigte in der Tradition der Propheten und als sichtbares Zeichen die Menschen im Jordan taufte.

Der einen Größeren ankündigte als er selbst, der endlich Heil und Erlösung bringt über dem Volk, den verheißenen Messias.

Jetzt ist dieser Prediger kaltgestellt durch Herodes, den mächtigen Vasall Roms, den er sich nicht gescheut hatte, zu kritisieren.

Jetzt sitzt er im Bau und kann seine Botschaft nicht mehr ausrichten.

Und doch treibt ihn die Frage weiter um, wie es mit Jesus steht, ob er derjenige ist, auf den alle warten. Johannes der Täufer bewegt diese Frage als Todeskandidat in seiner Zelle. Im Angesicht des wahrscheinlichen Todes will er dies doch noch unbedingt wissen.

Und danach lässt er auch aus dem Gefängnis heraus durch seine Getreuen noch fragen:

Bist du es, der da kommen soll, oder sollen wir auf einen anderen warten ?

Es ist eine Frage, die den wortgewaltigen, unerschrockenen Prediger in der Wüste von einer zutiefst menschlichen Seite zeigt. Sie enthüllt eine gewisse Unsicherheit.

In der Verlassenheit seiner Zelle bedrängen Johannes Fragen.

Es kommt etwas zum Ausdruck von einer Seite des Täufers, die wir vielleicht sonst eher nicht mit ihm verbinden, die nämlich des unsicheren Fragens, ***des Zweifels***.

Johannes will Gewissheit haben und damit auch Ruhe für seine Seele: Bist du es, den alle erwarten ? Bist du die Erfüllung?

Johannes, der unerschrockene Prediger hat auch Sehnsucht nach Trost, nach einem Zeichen des Lebens in seiner ganzen Bedrängnis.

Liebe Gemeinde!

Sind das nicht Fragen, die auch wir in unseren Tagen nachvollziehen können?

Auch wir wollen Gewissheit, Sicherheit, Ruhe, den Frieden für uns und unsere Seelen.

Auch bei uns gibt es, neben aller Geschäftigkeit der Adventszeit, auch diese Sehnsucht nach Ruhe und Sinn und auch nach Erfüllung.

Es gibt diese Sehnsucht bei den vielen Beschäftigten, die so viel zu tun haben, dass sie gar nicht wissen, wie sie alles schaffen sollen.

Es gibt diese Frage auch bei denen, die gar nichts mehr zu tun haben, die gar nicht wissen, wie sie ihre Zeit totschlagen sollen.

Es geht um die Gewissheit in aller Unsicherheit, es geht auch um die Frage nach Trost, um Mut in mancher Zaghaftigkeit, Klarheit in manchem Zweifel.

Liebe Gemeinde!

Welche Antwort bekommt nun der Täufer ?

Zunächst einmal ist das tröstliche: Die Frage des Johannes bleibt nicht ungehört.

Sein Ruf bleibt nicht ohne eine Reaktion, sondern sie wird von Jesus wahrgenommen und auch aufgenommen.

Sein Ruf bleibt nicht ungehört wie so viele Rufe bis in unsere Zeit hinein.

Er antwortet ihm, indem er auf das weist, was hier und jetzt mitten unter den Menschen, mitten unter uns geschieht:

Blinde sehen, Lahme gehen, Aussätzige werden rein und Taube hören, Tote stehen auf und Armen wird das Evangelium gepredigt.

Das eigenartige an dieser Antwort ist, dass Jesus nicht mit einer Erklärung antwortet, sondern diejenigen, die hören mit in die Antwort hinein nimmt:

Kommt und seht! Und damit: Lasst euch bewegen!

Jesus antwortet nicht dogmatisch, mit Lehrsätzen, sondern er weist auf das ***Leben***:

Weil Gott in tiefster Nacht erschienen, kann unsere Nacht nicht traurig sein. So heißt es in dem Lied von Dieter Trautwein.

Heilung, neues Leben, neue Perspektiven für Menschen, Licht kommt ins Dunkel, Bewegung in starre Verhältnisse, neuer Mut für Zerschlagene.

Der immer schon uns nahe war, stellt sich als Mensch den Menschen dar.

Jesus verweist auf das aufregende, mitreißende, was Menschen mit Jesus begegnet, diese Bewegung, die das ganze Land erfüllt.

Und er verweist damit auch auf das was vorausgesagt wurde in der Schrift, mit den Worten des Jesaja:

Blinde sehen, Lahme gehen, Aussätzige werden rein und Taube hören, ...

Alles ist im Gehen, Gott aber ist im Kommen.

So könnte man die Botschaft des Jesaja zusammenfassen.

Das heißt doch auch:

Wenn Du wissen willst, ob er derjenige ist, auf den wir warten, dann lass dich auf ihn ein!

Bist du der eigenen Rätsel müd? Es kommt, der alles kennt und sieht!

Dann geh mit demjenigen, dann verlass für einen Moment deine Angst, das, was dich gefangen hält und vertraue ihm.

Lerne zu vertrauen, verlasse alte Wege, richte deinen Blick auf ihn und du wirst neue Erfahrungen machen, ***du trittst ins freie, leichte.***

Er sieht dein Leben unverhüllt, zeigt dir zugleich ein neues Bild.

Liebe Gemeinde!

Vorhin haben wir das Glaubenbekenntnis gesprochen.

Es fasst zusammen, was unser Glauben ist, worauf er steht und sich gründet. Darin vergewissern wir uns immer wieder neu. Darum wird es im Konfirmandenunterricht betrachtet und auswendig gelernt.

Aber wenn wir es nur verstehen als eine Formelsammlung unseres Glaubens, wenn wir es als Besitz auffassen, auf dem wir in Ruhe Platz nehmen können, dann nehmen wir ihm etwas von seiner Dimension, nämlich der Dimension seiner Hoffnung, einer Hoffnung, die auf Zukunft ausgerichtet ist.

Die Frage danach, wie Jesus denn eigentlich zu verstehen ist, ist auch eine Frage an uns, wie ***wir*** ihn nämlich verstehen und wie wir den Glauben an ihn leben!

Es ist die Frage, ob wir ihn leben auf Hoffnung hin, auf Zukunft für uns, für die Welt und vielleicht vor allem für diejenigen, die nach uns kommen, die auch leben wollen in dieser Welt, die aber auch bedroht ist vom Klimaschock und fragwürdigen Kampfeinsätzen, die im Grunde keiner will.

Die Antwort, die Jesus dem Johannes gibt, ist auch die Einladung für ein Experiment:

Wer mir nachfolgt, der will nicht, dass die Welt bleibt wie sie ist.

Nimm an des Christus Freundlichkeit, trag seinen Frieden in die Zeit!

Liebe Gemeinde!

Die Antwort Jesu an Johannes schließt mit einer Verheißung:

Selig ist, wer sich nicht an mir ärgert!

Die Adventszeit erinnert uns daran, dass die Frage ob Jesus der kommende der Christus ist, der Messias ist, noch immer eine offene Frag ist. Wer ein Christ eine Christin wird, geht nicht auf Nummer sicher, sondern beginnt eine Experiment, setzt auf Jesus.

Aber er verheißt uns auch, dass dieses Experiment nicht unverantwortlich geschieht, blind oder gar fahrlässig.

Es geht um das Experiment Hoffnung.

Überspitzt gesagt: Will ich ein weiterer Sargnagel für Leben, Spontaneität, Hoffnung, Mut oder Zuversicht sein oder will ich Lebenszeichen, Bote der Hoffnung Gottes sein, der die Zukunft offen hält ?

Zünden wir heute, liebe Gemeinde, eine weitere Kerze am Adventskranz an und spüren wir, dass das Licht zunimmt, an Kraft gewinnt in unserer Welt und unsere Dunkelheit erhellt.

Schreckt dich der Menschen Widerstand, bleib ihnen dennoch zugewandt!

Weil Gott in tiefster Nacht erschienen, kann unsere Nacht nicht endlos sein!

Amen.

Was bleibt vom weihnachtlichen Frieden ?

Predigt zum 1.Sonntag nach Weihnachten zu Matthäus 2, 13-23

Text Matthäus 2, 13-23:

13 Als sie aber hinweggezogen waren, siehe, da erschien der Engel des Herrn dem Josef im Traum und sprach: Steh auf, nimm das Kindlein und seine Mutter mit dir und flieh nach Ägypten und bleib dort, bis ich dir's sage; denn Herodes hat vor, das Kindlein zu suchen, um es umzubringen.

14 Da stand er auf und nahm das Kindlein und seine Mutter mit sich bei Nacht und entwich nach Ägypten

15 und blieb dort bis nach dem Tod des Herodes, damit erfüllt würde, was der Herr durch den Propheten gesagt hat, der da spricht (Hosea 11,1): »Aus Ägypten habe ich meinen Sohn gerufen.«

16 Als Herodes nun sah, dass er von den Weisen betrogen war, wurde er sehr zornig und schickte aus und ließ alle Kinder in Bethlehem töten und in der ganzen Gegend, die zweijährig und darunter waren, nach der Zeit, die er von den Weisen genau erkundet hatte.

17 Da wurde erfüllt, was gesagt ist durch den Propheten Jeremia, der da spricht (Jeremia 31,15):

18 »In Rama hat man ein Geschrei gehört, viel Weinen und Wehklagen; Rahel beweinte ihre Kinder und wollte sich nicht trösten lassen, denn es war aus mit ihnen.«

19 Als aber Herodes gestorben war, siehe, da erschien der Engel des Herrn dem Josef im Traum in Ägypten

20 und sprach: Steh auf, nimm das Kindlein und seine Mutter mit dir und zieh hin in das Land Israel; sie sind gestorben, die dem Kindlein nach dem Leben getrachtet haben.

21 Da stand er auf und nahm das Kindlein und seine Mutter mit sich und kam in das Land Israel.

22 Als er aber hörte, dass Archelaus in Judäa König war anstatt seines Vaters Herodes, fürchtete er sich, dorthin zu gehen. Und im Traum empfing er Befehl von Gott und zog ins galiläische Land

23 und kam und wohnte in einer Stadt mit Namen Nazareth, damit erfüllt würde, was gesagt ist durch die Propheten: Er soll Nazoräer heißen.

Liebe Gemeinde!

Mit dem heutigen Sonntag stehen wir sozusagen an der Schwelle der Feiertage zum Alltag.

Wir sehen am Thema unseres Gottesdienstes, der Flucht der heiligen Familie nach Ägypten, dass es mit dem Frieden des Heiligen Abends vorerst vorbei ist.

Nach der Ruhe der heiligen Nacht kommt Unruhe auf, die Hast des Aufbruchs, Bedrohung des Friedens durch Verfolgung und Gewalt. Vom leuchtenden, heilverkündendem Stern von Bethlehem ist keine Rede mehr.

Diese aufkommende Unruhe und ihr Schrecken wird verursacht durch einen Großen jener Tage, der Angst hat seine Macht zu verlieren: Herodes der Große.

Die antiken Berichte über ihn lassen diesen Herrscher Judäas in keinem guten Licht erscheinen. Seine Unbeliebtheit bei den Juden steigerte sich von Antipathie zu Beginn seiner Herrschaft zu blankem Hass, als er nach langer Regierungszeit starb.

Und wenn auch der Wahrheitsgehalt der biblischen Überlieferung vom Kindermord von Bethlehem umstritten ist, so ist doch die Grausamkeit des Herodes wohl Tatsache gewesen.

Viele Personen aus seiner näheren Umgebung erfuhren einen gewaltsamen Tod.

So passt es wohl auch im Blick auf den Kindermord, dass einige seiner Söhne hingerichtet wurden, da Herodes sie Umsturzpläne verdächtigte und den Verlust der eigenen Macht fürchtete.

Bei Herodes sei es besser sein Schwein als sein Sohn zu sein, hieß es in einem geflügelten zeitgenössischen Wort. Verworren und unübersichtlich sind die Intrigen an seinem Hof und in der Familie des Herodes mit seinen zahlreichen Ehefrauen und Nachkommen.

Vieles ist undurchsichtig in dieser Welt der Unwahrhaftigkeit und des permanenten Verdachts. Offenkundig und traurig sind am Ende nur immer die Leichen, die Herodes Weg pflastern.

In ihm verkörpert sich für die Bibel und ihre späteren Ausleger das Böse schlechthin.

Voller Misstrauen und permanenter Angst seine Macht zu verlieren, ist er aufmerksam geworden auf das Geschehen in Bethlehem.

Schon greifen seine Häscher nach dem Heil, das verkündet worden ist. Es sind dunkle und unheilverkündende Schatten, die sich auf Maria, Josef und das Jesuskind legen.

Nur die Flucht ins rettende Ausland scheint die einzige Möglichkeit der Rettung.

Und so flieht die Familie nach Ägypten und es wiederholt sich in gewisser Maßen im kleinen die Heilsgeschichte des Volkes Israels, das in ferner Vergangenheit ja auch in der Fremde von Ägypten gelandet war und sich von dort aus unter der Führung des Mose freikämpfen musste im berühmten Auszug aus dem Haus der Sklaverei ins gelobte Land:

„Aus Ägypten habe ich meinen Sohn gerufen.“ So das Hosea-Zitat.

Und damit wird die heilsgeschichtliche Bedeutung des Geschehens von Bethlehem unterstrichen.

Das alles mag sich also noch fügen in einen göttlichen Plan wie er für den künftigen Erlöser vorgesehen ist.

Wenn es aber heißt „In Rama hat man ein Geschrei gehört, viel Weinen und Wehklagen; Rahel beweint ihre Kinder und wollte sich nicht trösten lassen, denn es war aus mit ihnen.“ dann ist damit nur vordergründig ein Schriftwort als Kommentierung des Kindermords von Bethlehem gemeint.

Dieser Satz ist mit seinem Hintergrund ist eigentlich nur noch **ein Schrei.**

In einer anderen noch wörtlicheren Übersetzung heißt der Satz:

„Rahel beweint ihre Kinder und wollte sich nicht trösten lassen, denn da sind keine mehr.“ und das mag uns daran heranführen, worum es wirklich geht, nämlich um Endpunkte der Vernichtung von Leben:

In diesem Schrei der Rahel klingt alles Leid der Verfolgung des auserwählten Volkes:

Es ist Erinnerung an Deportation des Volkes Israel nach Babylonien, Verwüstung und Verlust der Heimat, damit aber auch Vorausblick auf die kommenden Aufstände des jüdischen Volkes gegen die Römer, die mit der Zerstörung von Jerusalem und dem Tempel enden werden, mit Tod und Vertreibung des Volkes aus Palästina für viele Hunderte von Jahren, die weitere Verfolgungen in der Geschichte bis in die Verfolgungen des 20.Jahrhundert hinein, von denen wir alle wissen.

Mit dem Satz „**Rahel beweint ihre Kinder und wollte sich nicht trösten lassen, denn da sind keine mehr.“** werden wir auch erinnert an das tausendfache Leid von Menschen und vor allem Kindern heute in der Welt.

Wir sind mit diesem Satz angekommen in der Realität von uns heute.

Wir sind angekommen bei den Bombenanschlägen unserer Tage in Afghanistan, im Irak oder auch bei den Angriffen auf Christen in unsere Welt.

Wir sind damit gefragt, was eigentlich noch bleibt von weihnachtlichen Frieden, wenn sich Kreisläufe von Gewalt und Gegengewalt immer nur zu wiederholen scheinen.

Werden wir so nach den weihnachtlichen Tagen wieder in den kalten Alltag einer Welt entlassen, die sich nur für ein paar Tage eine trügerische Freude bei Kerzenschein und Geschenkfreude gönnt und dann ist wieder alles beim alten?

Doch wenn wir die Geschichte vollständig sehen wollen, müssen wir die ganze Geschichte lesen und ihre Fixpunkte sehen, die dafür sorgen, dass das eine zerbrechliche neugeborene Kind überlebt und durchkommt. Wir müssen eine Gestalt näher betrachten, die bisher in der Weihnachtsgeschichte eher zurückstand, die aber ein verlässlicher Anker- und Ruhepunkt ist, der sichere Fahrt gewährleistet.

Es ist Josef, der auf der Flucht zur Schlüsselfigur, ja zum Steuermann der Familie wird:

Er ist es, der durch das Medium des Traums den ersten Befehl des Engels erhält, aufzubrechen.

Und damit enthüllt sich vor unseren Augen gleichsam eine leise Geschichte, die hinter den umstürzlerischen Ereignissen steht: es ist eine Geschichte, in der ein Mensch ausgerechnet im Dunkel und der Stille der Nächte klare Botschaft für seinen Weg bekommt

Mit Josef ist gleichsam die Gegengestalt zum technokratischen Machtmenschen Herodes gezeichnet, es ist ein Mann gezeichnet, der in stiller Umsicht und Sorge die Familie durch gefährliche Gestade geleitet.

Er ist empfänglich für besondere Botschaften wie der von Träumen zu haben, scheint eine besondere Gabe der Wahrnehmung dessen zu haben, was jetzt und hier erforderlich zu scheint.

Insgesamt drei mal erfährt Josef Botschaften durch das Medium des Traums, einem Medium, dem wir eher skeptisch gegenüberstehen.

Und doch ist es der Traum, in dem Josef seine Wegweisungen erfährt. Ganz anders als der unduldsame Herodes, der durch technische Ausfragerei der Magier zu seinem Ziele kommen will, einem Ziel, das letztlich nur der Zerstörung dient.

Doch was dem Josef abverlangt wird, ist nicht wenig: Aufbrechen soll er aus dem Land des Todes nach Ägypten.

Damit wird ihm viel abverlangt, er soll ausziehen in ein Land mit einer fremden Sprache, in dem ihn keiner kennt, weg von seinen Freunden und der alltäglichen Vertrautheit.

Zwei Gestalten stehen sich in der Geschichte von der Flucht nach Ägypten gegenüber: Herodes und Josef. Sie können auch angesehen werden als zwei Bilder vom Menschen.

Da ist die Seite der Machtausübung, die ihre Macht erhalten muss um jeden Preis, die sich verstrickt in die eigenen Widersprüche und am Ende von der eigenen Macht versklavt wird.

Da ist auch die Seite des stillen Bewahrers Mensch vom treuen Hüter und Bewahrer, der auf den Ruf des Engels hin einen ganz neuen unbekannten Weg gehen wird.

In einem gewissem Sinn lebt in unserer Seele sowohl ein „Josef"-Anteil – die Offenheit für Gott, das Vertrauen, das zum Aufbruch Bereite – als auch ein „Herodes"-Anteil, das heißt die Selbstversessenheit, Absicherung und Vernichtung dessen, was anders ist und Angst macht. Diese Geisteshaltung führt in den Tod, in die vernichtende und leblose Selbstbezogenheit.

Wem wollen wir folgen im neuen, gerade begonnenem Jahr?

Josef verlässt seine vertraute Welt und vertraut dem Ruf des Engels. Er erinnert an Abraham und andere, die aufgebrochen sind, die dem Ruf Gottes folgten. Die aufgebrochen sind in völlige Ungewissheit.

So entweicht er dem Chaos einer Welt des Todes, angerichtet von einem Herodes-Typus wie es sie gibt bis in unsere Tage. Was fest steht ist: Rückkehr wird es erst geben, wenn der Gewaltherrscher tot ist.

Die traurige Seite dieser Geschichte ist: die Herodesse werden kommen und gehen.

Was aber auch feststeht: die Geschichte der Flucht erzählt auch von der Möglichkeit des Aufbruchs, des Verlassens von Strukturen des Todes und der Gewalt. Es ist eine der vielen biblischen Aufbruchsgeschichten, die davon erzählen, dass Aufbruch, Befreiung möglich ist und notwendig ist zu einem besseren, gesünderem, mutigerem Leben, so wie Gott es will und uns dazu immer wieder aufruft.

Es ist sein Engel, der und ruft, der aber auch da ist und bei uns sein wird.

Und so macht die Geschichte von der Flucht und Bewahrung des Kindes zu Anfang des neuen Jahres - auf einem dunklen und bedrohlichen Hintergrund - auch Mut und Zuversicht zu vertrauen.

Es macht Mut und Zuversicht, auch wenn die Botschaft des Engels nicht ohne Zumutungen ist.

Er wird unsere Wege mitgehen, so wie er mit der Heiligen Familie unterwegs war.

Wir werden ermutigt, im neuen Jahr auf die Zeichen der Zeit zu achten und genau zu prüfen, was Gott uns sagt.

Es ist große Zusage, dass er da sein wird auch in diesem neuen Jahr, dass er „Ja" sagt in allem, was dagegen sprechen mag und zu uns halten wird auf allen unseren Wegen, egal wohin die Träume seiner Botschaft uns führen.

Amen.

Du kannst gerecht sein!

Predigt am Sonntag Estomihi zu Jesaja 58, 1-9:

Text Jesaja 58, 1-9:

1 Rufe getrost, halte nicht an dich! Erhebe deine Stimme wie eine Posaune und verkündige meinem Volk seine Abtrünnigkeit und dem Hause Jakob seine Sünden!

2 Sie suchen mich täglich und begehren meine Wege zu wissen, als wären sie ein Volk, das die Gerechtigkeit schon getan und das Recht seines Gottes nicht verlassen hätte. Sie fordern von mir Recht, sie begehren, dass Gott sich nahe.

3 »Warum fasten wir und du siehst es nicht an? Warum kasteien wir unseren Leib und du willst's nicht wissen?«

Siehe, an dem Tag, da ihr fastet, geht ihr doch euren Geschäften nach und bedrückt alle eure Arbeiter.

4 Siehe, wenn ihr fastet, hadert und zankt ihr und schlagt mit gottloser Faust drein. Ihr sollt nicht so fasten, wie ihr jetzt tut, wenn eure Stimme in der Höhe gehört werden soll.

5 Soll das ein Fasten sein, an dem ich Gefallen habe, ein Tag, an dem man sich kasteit, wenn ein Mensch seinen Kopf hängen lässt wie Schilf und in Sack und Asche sich bettet? Wollt ihr das ein Fasten nennen und einen Tag, an dem der HERR Wohlgefallen hat?

6 Das aber ist ein Fasten, an dem ich Gefallen habe: Lass los, die du mit Unrecht gebunden hast, lass ledig, auf die du das Joch gelegt hast! Gib frei, die du bedrückst, reiß jedes Joch weg!

7 Brich dem Hungrigen dein Brot, und die im Elend ohne Obdach sind, führe ins Haus! Wenn du einen nackt siehst, so kleide ihn, und entzieh dich nicht deinem Fleisch und Blut!

8 Dann wird dein Licht hervorbrechen wie die Morgenröte, und deine Heilung wird schnell voranschreiten, und deine Gerechtigkeit wird vor dir hergehen, und die Herrlichkeit des HERRN wird deinen Zug beschließen.

9 Dann wirst du rufen und der HERR wird dir antworten. Wenn du schreist, wird er sagen: Siehe, hier bin ich.

Liebe Gemeinde!

Ein bekanntes Sprichwort lautet:

„Der Weg zur Hölle ist mit vielen guten Vorsätzen gepflastert." Der Weg des Menschen zum guten ist ein beschwerlicher und mit dem Fassen eines guten Vorsatzes keineswegs die gute Tat schon vollbracht. Keineswegs kann man sich zurücklehnen und sich auf der sicheren Seite wähnen. Die große Kluft zwischen guten Vorsatz und dem erreichten – das nimmt das Sprichwort auf' s Korn.

Und dieses Wort fiel mir ein zu unserem heutigen Predigttext.

Mit voller Wucht prasselt hier die Anklage des Propheten über sein Volk nieder, genauer über seine religiöse Praxis. An der Frage des Fastens wird dem Propheten offenbar, das etwas grundsätzlich falsch läuft in der Gesellschaft seiner Zeit, seiner Volksgemeinschaft, die ja eigentlich vom solidarischen Gott der Väter, der Wüstenzeit herkam.

Von dieser Solidarität, der Gemeinschaftstreue, in der jeder für den anderen einstand, die die Gemeinschaft zusammenhielt im innersten wie im äußeren ist keine Spur mehr. Stattdessen Heuchelei, Bigotterie, religiöse Selbstsicherheit und auch Anmaßung, die den Menschen aus dem Blick verloren hat mit Folgen für die gesamte Gemeinschaft. Es ist ein Trümmerfeld, das der Prophet da vor Augen hat, ein Blick in einen traurigen Abgrund, in der menschliche Werte nur noch in ihrer Verzerrung, ihrer Verdrehung und Täuschung vorhanden zu sein scheinen.

Aber dabei soll es nicht bleiben:

Wie eine Posaune, so soll der Prophet seine Stimme erheben, er soll nicht an sich halten über das was er und seine Zeitgenossen zur Kenntnis nehmen und erleben müssen.

Dabei liegt wohl der Skandal darin, dass vordergründig doch alles in Ordnung zu sein scheint, schließlich ja das religiöse Ritual des Fastens eifrig praktiziert wird:

„Warum fasten wir und du siehst es nicht an? Warum kasteien wir unseren Leib und du willst's nicht wissen?“

Leiser Zweifel scheint sich doch zu regen.

Dabei scheinen die Menschen doch auf dem Weg zu ihrem Gott zu sein: sie suchen mich täglich und begehren meine Wege zu wissen, aber das in der Haltung, als wären sie ein Volk, das die Gerechtigkeit schon getan hätte. Das ein Recht hätte von Gott zu verlangen, dass er sich ihm nahe.

Man hat den Anspruch, man fordert Recht von ihm, und dabei schwingt etwas davon mit, dass sie Gott vor Gericht ziehen wollen.

Aber an dieser Stelle dreht der Prophet den Spieß um und wendet den Blick der Menschen auf sie selbst, er hält den vermeintlich Rechtschaffenen und Frommen den Spiegel vor:

Wie sieht es denn bei euch aus?

Siehe, an dem Tag, da ihr fastet, geht ihr ja doch euren Geschäften nach und bedrückt alle eure Arbeiter.

Siehe, wenn ihr fastet, dann hadert und zankt ihr und schlagt mit gottloser Faust drein.
Vordergründig wird der Kopf hängen gelassen, wird sich in Sack und Asche gebettet, die fromme Praxis eingehalten.
Aber soll das ein Fasten sein, an dem ich gefallen habe? Macht das Sinn ? Oder könnt ihr euch die Mühe dann doch besser sparen?
An dieser Stelle bleibt es nicht allein bei der prophetischen Anklage:
Eine Alternative wird aufgerissen, die schlicht und einfach ist, aber gerade darin der Weg ist, der ein Ausweg ist:
Lass los, die du mit Unrecht gebunden hast, lass ledig, auf die du das Joch gelegt hast.
Gib frei die du bedrückst, reiß jedes Joch weg.
Brich dem Hungrigen dein Brot und die ohne Obdach sind führe ins Haus.
Wenn du einen nackt siehst, kleide ihn und entzieh dich nicht deinem Fleisch und Blut.
Entzieh dich nicht deinem Ebenbild so könnte man auch sagen, liebe Gemeinde.
Werde dir bewusst, dass das alles zusammengehört:
Unser Glauben und unser Handeln im kleinen wie im großen.
Beginn nicht mit einem großen Vorsatz, sondern mit einer kleinen Tat.
So heißt es auch in einer Lebensweisheit.
Damit ist der Weg gewiesen:
Licht kommt in die Nacht,
es erscheint etwas von Morgenröte, Heilung kommt in den Blick. Etwas scheint auf von einer Gerechtigkeit, die mehr ist als ein Schlagwort.
Sogar Gottesbegegnung kann möglich werden.
Dann wirst du rufen und der Herr wird dir antworten.
Wenn du schreist, wird er sagen: Siehe, hier bin ich.

Liebe Gemeinde,
das erstaunliche an diesen prophetischen Worten ist für mich immer wieder, wie der Prophet nicht in der Anklage allein verharrt, dass er nicht nur die Risse und Zerklüftungen in seiner Gesellschaft beklagt, sondern dass in dem allen doch die große Alternative aufgerissen wird, ja sogar Gottesbegegnung möglich wird.
Zunächst enthüllt die prophetische Anklage ein trauriges Bild.
Sie zeigt eine Welt, in der der Mensch dem Menschen ein Wolf zu werden droht.
Aber mittendrin wird der Einzelne, jeder von uns angesprochen, herausgerufen:

Es geht um ***deine*** Gerechtigkeit, sie kann vor dir hergehen und es kann möglich werden,

- dass die Herrlichkeit des Herrn deinen Zug beschließen wird,
- dass dein Licht aufgehen kann in der Finsternis
- und dein Dunkel sein wird wie der Mittag.

Damit lässt sich leben, liebe Gemeinde, das ist doch wie Brot, das wir nötig haben zum leben.
Damit scheint etwas auf, dass zum Evangelium gehört inmitten von allem, was dagegen spricht, aber gerade dadurch um so heller strahlt.
Mitten hinein auch in unsere Tage schallen die Worte des Propheten, entlarven, reißen schonungslos manche Verhüllungen und Verdeckungen herunter und offenbaren auch schreiendes Unrecht.
Mitten hinein in die Vorpassionszeit, in der noch feuchtfröhlich gefeiert wird, mischen sich diese Töne, die uns erinnern mögen an vieles, das auch bei uns schief läuft.
Mitten hinein in unsere Welt der Globalisierung, in der wir immer wieder hören und erfahren, dass alles mit allem zusammenhängt, aber die Folgen für die Menschen, die auf der Strecke bleiben, unter den Teppich gekehrt werden.
Mitten da hinein hören wir diese Worte und damit den Appell wachsam zu sein.
Im dritten Buch des Jesaja geht es um die Suche nach der verloren gegangen Solidarität, darum wie die Gemeinschaft leben kann nach der Zeit der Gefangenschaft in Babylon,
darum wie es weitergehen kann mit diesem Volk nach einem langen Weg.
Es geht um die Suche nach Gott nach einer langen Wanderschaft.
Darum geht es auch bei uns heute.
Ich meine, liebe Gemeinde, dass wir dazu unterwegs sind und bleiben als Gemeinde in dieser Welt. Wir leben etwas davon in unserem Alltag, wenn wir zeigen, dass alles Leben in Wahrheit eins ist und dass es lohnt sich dafür einzusetzen, mit allen Behinderungen, Schwierigkeiten, die wir auch als Gemeinde in diesen schwierigen Zeiten haben.
Dieses haben wir vor Augen und doch setzen wir uns ein, zeigen, worauf es ankommt und dass der Weg bei allem schwierigen immer wieder auch ein ganz einfacher, schlichter sein kann:
Brich dem Hungrigen dein Brot und die ohne Obdach sind führe ins Haus.
Wenn du einen nackt siehst, kleide ihn und entzieh dich nicht deinem Fleisch und Blut

Sich für die Menschen Zeit nehmen, nicht immer aber ab und an einfach dazu setzen, eine Tasse Kaffee zu trinken und einfach nur da sein, das kann ein Fasten sein, das vieles andere manchmal zu ersetzen vermag. Es kann eine kleine Übung sein, zu erkennen, wie alles zusammengehört und nichts ohne die Solidarität untereinander und wenn auch nur in einem noch so kleinem Schritt funktioniert.
Ich wünsche uns dazu Gottes Segen.
Amen.

Dass wir uns nicht entfernen von Gott

Predigt am Sonntag Invokavit zu Matthäus 4, 1-11

Text Matthäus 4, 1-11:

1 Da wurde Jesus vom Geist in die Wüste geführt, damit er von dem Teufel [a]versucht würde.

2 Und da er vierzig Tage und vierzig Nächte gefastet hatte, hungerte ihn.

3 Und der Versucher trat zu ihm und sprach: Bist du Gottes Sohn, so sprich, dass diese Steine Brot werden.

4 Er aber antwortete und sprach: Es steht geschrieben (5.Mose 8,3): »Der Mensch lebt nicht vom Brot allein, sondern von einem jeden Wort, das aus dem Mund Gottes geht.«
5 Da führte ihn der Teufel mit sich in die heilige Stadt und stellte ihn auf die Zinne des Tempels
6 und sprach zu ihm: Bist du Gottes Sohn, so wirf dich hinab; denn es steht geschrieben (Psalm 91,11-12): »Er wird seinen Engeln deinetwegen Befehl geben; und sie werden dich auf den Händen tragen, damit du deinen Fuß nicht an einen Stein stößt.«
7 Da sprach Jesus zu ihm: Wiederum steht auch geschrieben (5.Mose 6,16): »Du sollst den Herrn, deinen Gott, nicht versuchen.«
8 Darauf führte ihn der Teufel mit sich auf einen sehr hohen Berg und zeigte ihm alle Reiche der Welt und ihre Herrlichkeit
9 und sprach zu ihm: Das alles will ich dir geben, wenn du niederfällst und mich anbetest.
10 Da sprach Jesus zu ihm: Weg mit dir, Satan! Denn es steht geschrieben (5.Mose 6,13): »Du sollst anbeten den Herrn, deinen Gott, und ihm allein dienen.«
11 Da verließ ihn der Teufel. Und siehe, da traten Engel zu ihm und dienten ihm.

Liebe Gemeinde!

Der heutige Sonntag Invokavit ist der erste von sechs Sonntagen der Passionszeit.

Wenn man seine Botschaft plakativ in einem Wort zusammenfassen wollte, dann könnte diese Botschaft lauten:

Nein!

Ein Nein ist das große Thema dieses ersten Sonntags mit dem die Passionszeit eingeleitet wird.

Ein Nein steht wie ein Paukenschlag am Anfang der Passionszeit und unterbricht mit einem Donnerschlag die ausgelassene und weinselige Karnevalszeit.

Was ist das für ein Nein, das da gesprochen wird, liebe Gemeinde ?

Eine fromme Spaßbremse, damit den Leuten der Spaß am Leben vergällt wird?

Damit Schluss ist mit lustig, obwohl doch der Alltag schon öde, langweilig und beschwerlich genug ist, jeder Tag seine eigene Plagen hat ?

Da kommen dann auch noch die Frommen und sagen mal wieder **Nein!** Oder was soll das jetzt ?!

Aber schauen wir genauer, liebe Gemeinde, was die Texte dieses Sonntages sagen !

Wir hören davon, dass Jesus versucht wird.

Wir werden in die Wüste geführt, fernab von allem menschlichen Getriebe, da wo nur noch endloser Sand und karstige Felsen sind. Dorthin hat sich Jesus zurückgezogen, er fastet dort 40 Tage und 40 Nächte.

Das ist wohl keine Wellness-Tour zum Besserfühlen, wohl eher eine harte Glaubensprüfung.

Die Wüste – Ort der Meditation und des Rückzugs, der radikalen Besinnung, aber auch Stätte der absoluten Einsamkeit, auch der Möglichkeit des Wahnsinns.

Was ist es, was er da an Stimmen hört, was sind das für merkwürdige Angebote?

Eine Fata Morgana, Trugbild in der brütenden Hitze ?

Es sind verlockende Angebote, die dem Ausgezehrten, fast Verhungerten da vor Augen gemalt werden:

Wir hören von der Möglichkeit des Endes von allem Hunger.

Wenn du Gottes Kind bist, dann sage, dass diese Steine sich in Brot verwandeln sollen!

Steine zu Brot zu verwandeln, wer wünschte sich das nicht?!

Brot – Grundnahrungsmittel der Menschen.

Brot – woran es doch mangelt in der Welt, was doch so nötig ist, um Hungernde zu sättigen.

Wer könnte sich dagegen wehren, dass alle satt werden ?

Doch Jesus sagt sein erstes Nein!

Er weist diese Möglichkeit als zu einfach zurück: Es ist ein Zaubertrick, zu dem der Teufel Jesus verführen will. Eine vermeintlich einfache Lösung! Tote Materie wird in lebensspendendes Brot verwandelt. Doch ist das die Lösung des Hungerproblems in unserer Welt ? Das Brot allein ist noch nicht die Lösung aller Probleme !

Wir wissen heute:

Die Erde könnte alle Milliarden von Menschen, die auf ihr leben, ernähren, obwohl es doch so viele Menschen gibt! Das Problem des Hungers aber ist ein Verteilungsproblem!

Das Problem des Hungers in der Welt liegt an den Köpfen der Menschen, an der Gier, an der Macht, an der Gleichgültigkeit und ihrer Bequemlichkeit.

Den Armen das Brot vor die Füße werfen und denken, der Fall sei damit erledigt, ist zu einfach. In den Wüsten unserer Welt, den materiellen Wüsten, aber auch den seelischen Wüsten drohen Menschen zu verhungern, aber sie brauchen hier wie dort mehr als das Brot.

Die zweite Versuchung ist die der Machbarkeit:

Es ist machbar, also müssen wir es auch versuchen !

Sich hinunterzustürzen vom Tempel und dabei von Engeln getragen zu werden das müsste machbar sein!

Ob es der Staudamm ist, der fruchtbare und grüne Täler, verschwinden lässt, der Dörfer, Lebensraum von Menschen überflutet und andere wiederum vom Trinkwasser ausschließt.

Ob es die Olympia-Rodelbahn ist, die zu immer neuen Rekorden antreibt.

Ob es der Teilchenbeschleuniger ist, der in die Tiefen der Materie eindringt ...

Immer ist es die Versuchung des Machbaren, die herausfordert, die Grenzen auszureizen.

Und dabei können Menschen auf der Strecke bleiben.

Und schließlich die dritte Versuchung die der Macht und der Machtausübung - Kontrolle über alle Reiche der Welt.

Geht es nicht darum immer in allem was geschieht unter uns:

Geht es nicht darum, wer die Macht hat ?

Wir sehen die Konflikte unter den Menschen, Konflikte unter Staaten, Konflikte in Vereinen, Gruppen, am Arbeitsplatz unter Kollegen, auch in der Kirche, wir erleben Mobbing in der Schule. Immer geht es auch um Macht.

Ich sehe Jesus und den Versucher auf dem Berg. Dieser zeigt auf alle Reiche dieser Welt und sagt: „Dies alles will ich dir geben, wenn du niederfällst und mich anbetest." Aber Jesus kann sich freimachen von der Umklammerung der Macht. Auch diesmal sagt er ***Nein!*** und antwortet: „Du sollst anbeten den Herrn, deinen Gott, und ihm allein dienen." Es ist Gott allein, dem Macht über all das zusteht.

Das alles sind Versuchungen in der Wüste.

Es sind Versuchungen in einem Leben, das manchmal Dürreperioden hat, Durststrecken, auf denen wir fragen:

Wer kann jetzt helfen?! Wo Lösungen nötig sind, wo vermeintlich einfache Lösungen angeboten werden.

Doch Vorsicht vor Neppern, Schleppern, Bauernfängern, die an der Ecke stehen und mit schlichten Parolen und großem Getöse, den Rattenfängern, die mit einfachen Parolen daherkommen.

Dreimal sagt Jesus „Nein!" zu solchen Angeboten.

Dreimal nimmt der Versucher Anlauf, Jesus sozusagen zu knacken, doch dreimal scheitert er an Jesu Nein.

Ging es, liebe Gemeinde, bei allen drei Versuchungen letztlich nur um eine große Versuchung, die in Wirklichkeit hinter allen steht?

Es ist die Versuchung der Macht, die die größte Verlockung ausübt, die alle anderen zusammenfasst. Dass ich am Schalthebel sitze und alles steuere, ist das nicht die größte Versuchung?

Dreimal hat Jesus verzichtet auf Macht.

Das ist das Thema der Passion, liebe Gemeinde.

Das ist das Thema der nächsten Wochen:

Wir sehen den Jesus, der auf Macht und Machtausübung und damit auf Gewaltausübung verzichtet.

Die Versuchungsgeschichte steht am Anfang des Weges von Jesus, die Passion an seinem Ende. In beidem geht es auch darum: Wird Macht eingesetzt und warum wird sie nicht eingesetzt? Jesus geht den Weg des Machtverzichts, er verweigert sich damit Verstrickungen, die der Einsatz von Macht mit sich bringt, er geht einen anderen Weg.

Wir wissen, dass das Thema Macht und Gewalt ein Thema der Menschheit ist und bleiben wird.

Von daher hat das Nachdenken darüber in der Passion Jesu eine besondere Brisanz.

Es hat aktuelle Brisanz, wenn wir an Fragen der Gewaltausübung denken, z.B. Afghanistan.

Von daher ist das Thema auch ein Ärgernis, eine Herausforderung, wenn wir es als Frage ernst nehmen wollen und nicht nur so aus dem Lehnstuhl bedenken neben allem unterhaltsamen was da auch noch sein mag in unserer Welt.

Der Weg Jesu fordert heraus.

Es ist der Weg der Gewaltlosigkeit so wie ihn auch Martin Luther King und Mahatma Gandhi gegangen sind.

In den nächsten Wochen sind wir dazu aufgefordert, Stationen des Machtverzichts mitzugehen und zu betrachten.

Ich denke, es ist ein Thema der Passion darüber nachzudenken, wo auch wir herausgefordert sind als Christen Nein zu sagen, wo wir ***<u>Nein</u>*** sagen müssen in unserer Welt.

Um dies verantwortlich und angemessen zu tun, deshalb üben manche Menschen in besonderer Weise Verzicht auf etwas bestimmtes, fasten oder lassen etwas anderes weg..

Mit dem Hintergedanken:

Konzentration auf das wesentliche!

Wir hören heute von Jesus, der Nein sagt und zwar mit den Waffen der Schrift!

Darüber lohnt es sich nachzudenken, liebe Gemeinde und diesen Weg mitzugehen in den nächsten Wochen! Ob wir dabei fasten oder nicht ! - Wie wir die Passionszeit begehen, tritt hinter dem zurück, was allein wichtig ist. Der Hebräerbrief drückt es so aus:

An diesem Bekenntnis lasst uns festhalten, so schreibt der Verfasser:

Denn wir haben mit Jesus einen Hohepriester, der über unsere Schwächen Mitlied empfindet.

Jesus wurde ja genau wie wir in allem auf die Probe gestellt, aber er entfernte sich nicht von Gott. Deshalb lasst uns mutig vor den Thron treten, an dem unser Unrecht vergeben wird, damit wir – wenn wir Hilfe benötigen – zur rechten Zeit Barmherzigkeit empfangen und hilfreiche Zuneigung finden.

Damit hören wir noch eine weitere Botschaft dieses Sonntags:

Wir hören nach dem starken Nein, das eine Unterbrechung bedeutet in unsrem Alltag nun auch ein großes ***Ja!***

Wir hören davon, dass wir auf dem Weg des Macht- und des Gewaltverzicht Gottes Hilfe und seinen Zuspruch erfahren können.

Mit den Worten des Hebräerbriefs stehen uns nun nicht allein die Bilder von Jesu Passion vor Augen, sondern unser Blicke werden geweitet auch auf die ganze Geschichte Gottes mit uns Menschen:

Da ist das Volk das unterwegs ist in der Wüste mit seinem Gott.

Wir haben hier keine bleibende Stadt, sondern die zukünftige suchen wir.

Das große Thema des Hebräerbriefs.

Das große Thema aber auch dieses Briefs: es gibt Kraft und Ruhe und Stärkung für das Volk Gottes auf seinem Weg:

Es ist noch eine Ruhe vorhanden für das Volk Gottes!

Und wir erfahren solche Ruhe und Stärkung dann, wenn wir zusammen kommen unter seinem Wort, wir erfahren sie in der Stärkung des Abendmahls.

Wir hören von seiner großen Zusage, einem Wort, das den Himmel für uns offen hält.

Die getragenen Worte des Hebräerbriefs lenken unseren Blick zum einen auf Jesus und sein Wirken selbst und schließlich auch auf uns selbst, die wir Barmherzigkeit nötig haben.

Unsere Blicke werden auf den gelenkt, von dem es heißt:

Er entfernte sich nicht von Gott.

Das ist das Thema der nächsten Wochen zu dem ich uns gute Gedanken wünsche und Gottes Segen: ***Dass wir uns nicht entfernen von Gott. Amen.***

Halten wir das aus?

Predigt am Karfreitag zu Hebräer 9, 15.26b-28

Text Hebräer 9, 15.26b-28:

15 Christus ist der Mittler des neuen Bundes, damit durch seinen Tod, der geschehen ist zur Erlösung von den Übertretungen unter dem ersten Bund, die Berufenen das verheißene ewige Erbe empfangen.
26b Nun aber, am Ende der Welt, ist er ein für alle Mal erschienen, durch sein eigenes Opfer die Sünde aufzuheben.
27 Und wie den Menschen bestimmt ist, einmal zu sterben, danach aber das Gericht:
28 so ist auch Christus einmal geopfert worden, die Sünden vieler wegzunehmen; zum zweiten Mal wird er nicht der Sünde wegen erscheinen, sondern denen, die auf ihn warten, zum Heil.

Liebe Gemeinde!
Der Karfreitag ist der stille Feiertag vor Ostern, eine Atempause zwischen Gründonnerstag und dem Karsamstag. Ein Moment Ruhe zwischen zwei Tagen, in denen die Geschäftigkeit für das Osterfest innehält. Für manchen ist das mühsam.
Dazu konnte man einen kleinen Kommentar „Auf ein Wort" in der WAZ lesen. Darin hieß es unter anderem:
„In unserer Zeit, in der Lärm und Dauerberieselung Alltagszutaten sind, ist so ein stiller Tag schon beinahe eine Provokation. Es wird – zumindest öffentlich – abgeschaltet. Und da stellt sich an diesem Feiertag auch die Frage: ***Halten wir das aus?"***
Und in der Tat, liebe Gemeinde, scheint mir das eine Schlüsselfrage zum Karfreitag zu sein:
Halten wir das aus?
Halten wir es aus, hinzusehen auf das Geschehen, die Kreuzigung Jesu vor den Toren Jerusalems, Grund und Anlass für diesen Feiertag?
Wollen wir das überhaupt noch? Wird dieser Tag überhaupt noch als solcher wahrgenommen?
Halten wir das aus, uns hautnah mit dem zu beschäftigen, was auf Golgatha geschah und welchen Sinn das ganze gehabt haben könnte?

Hautnah rückt uns hier Leiden auf die Pelle, das für manche schwer erträglich ist.

Kreuzigung gilt nach wie vor als eine der grausamsten Hinrichtungsmethoden in der Geschichte.

Fragen wir noch, was das vielleicht mit uns zu tun haben könnte?

Ob uns das irgendetwas angeht?

In jenen Tagen, als dies geschah, da hat es die Menschen aufgewühlt, Unruhe und rastloses Fragen ausgelöst.

Fragen danach, was das eigentlich bedeutet, dass der Gottessohn endet wie ein Verbrecher, hingerichtet vor den Toren der Stadt.

Es beschäftigt sie so, ***dass die Sonne für sie ihren Schein verlor*** wie es im Evangelium heißt, und der Vorhang im Tempel mitten entzwei riss.

Eine alles durchdringende Finsternis zog über das Land und die Frage war, ob mit diesem Geschehen nicht mehr Fragen gestellt waren, als eigentlich mit Jesus beantwortet schienen.

Wie sollte man denn jetzt das vorherige bewerten, sein Wirken unter den Menschen?

War das nun alles vorbei?

Weit weg scheint die Zeit, als Jesus seine Jünger berufen hatte in den Tagen, als alles begann am See Genezareth, weit weg scheinen die wogenden Ähren am Sabbat, weit weg scheint der Sturm über dem Wasser und die Ruhe danach.

Weit weg scheinen die Menschen, die doch satt werden mussten, die fünf Brote und die zwei Fische.

Weit weg scheinen der Tisch, das Brot, der Wein.

Und die Sonne verlor ihren Schein …

Liebe Gemeinde, der Karfreitag gehört mit zu den Feiertagen, die ihre Bedeutung langsam zu verlieren scheinen.

Für die Menschen, die Jesus damals gefolgt sind, bedeutete das Geschehen von Golgatha einen Schock.

Vielleicht rücken uns die Fragen, die sich um den Karfreitag drehen, aber spätestens dann auf die Pelle, wenn wir uns fragen:

Wo hat die Sonne in unserem Leben eigentlich ihren Schein verloren?

Das ist doch immer dann der Fall, wenn das Leben nicht voller Glück ist, wenn es nicht darum geht, Erfolge oder Gelingendes zu erzählen und einzuordnen, sondern im Gegenteil wenn wir uns Scheitern stellen müssen, dem, was nicht gelungen ist, wenn wir an die eigenen Grenzen kommen. Das aber ist schwierig, gerade in Zeiten wie unseren.

Scheitern kommt in unserer Welt öffentlich nur selten in den Blick.

Die ersten Christen wie auch vorher schon das Volk Israel übten sich darin, das Leben so zu verstehen, dass es mit Gott zu tun hat und Gott mit ihm. Alle Situationen. Auch noch im Leiden und im Tod, auch noch die Momente des Sterbens, also auch das Kreuz Jesu.
Zunächst war die Geschichte vom Kreuz nur die eines abgrundtiefen Scheiterns.
Christen haben aber diese Geschichte weitererzählt, sie haben sie mit Gott im Hintergrund erzählt.
Das tut auch der Hebräerbrief:
Nachdenkend in jüdischen Traditionen versucht er zu verstehen.
Er versucht, dem Geschehen einen Sinn abzugewinnen, abzuringen, abzutrotzen so wie wir es auch versuchen, wenn wir mit etwas kämpfen und nicht ohne Antwort bleiben können.
Wozu hat Christus am Kreuz gelitten, wenn er doch der war, der von Gott erzählt hat, wie niemand vorher, wo er doch der war, der in Gottes Namen gehandelt und geheilt hat, wie niemand vorher?
Die Christen damals haben eine Antwort gefunden.
Der Hebräerbrief spricht von einem Opfer, das Christus gebracht hat, und zwar ein für allemal. Das wird immer wieder betont:
Nie mehr wieder wird ein Opfer nötig sein. Der Tod Christi macht jedes weitere Opfer unnötig. Ein für alle mal ist alle Schuld getilgt. Gott braucht keine Opfer.
Das ist eine große Befreiung, eine große Erlösung.
An Karfreitag kommt etwas an sein Ende und zugleich beginnt etwas Neues.
Mitten im Geschehen von Karfreitag zeigt sich:
Christus ist am Kreuz gestorben, so der Hebräerbrief, damit er das ***letzte Opfer*** sei.
Mitten im Geschehen von Karfreitag zeigt sich:
Auch in dem, womit wir nicht klarkommen in unserem Leben, auch darin ist Gott noch am Wirken und lässt uns nicht.
Das Leben kommt in den Blick mit seiner Verletzlichkeit, seiner Brüchigkeit, seinen Fragen.
An Karfreitag denken wir deshalb auch an die Opfer, die es trotz Golgatha in der Geschichte weiter gegeben hat.
Und es stellt sich die Frage:
Irgendwie scheint dieser Karfreitag noch nicht begriffen worden zu sein. Denn eine Welt ohne Opfer steht ja noch aus.
Immer noch stehen wir unter Zwängen und Notwendigkeiten, von denen wir meinen, wir müssten ihnen gehorchen.

Immer mehr Opfer fordert unser Lebensstil. Immer noch bringen wir Opfer, wo sie längst nicht mehr nötig sind, sind wir zu Opfern bereit, wo sie überhaupt nicht gefordert sind.
Die Geschichte der Welt könnte anders aussehen, hätten wir, was am Karfreitag geschah, verstanden.
Halten wir das aus, liebe Gemeinde, so hieß die Frage am Anfang. Halten wir es aus, uns auf die Botschaft von Karfreitag einzulassen?
Halten wir es aus, mit dem Leben konfrontiert zu werden mit seinen Fragen, seinen Brüchigkeiten?
Wenn wir es aushielten, so die Botschaft des Karfreitags, dann könnten wir auf die Spur dieses Gottes kommen, der etwas anderes will, als dass wir weitere Opfer bringen.
Eigentlich sind wir vom Opferzwang ***befreit***. Sie sind nicht mehr nötig. Nicht mehr in der weiten Welt und nicht mehr in unserem eigenen Leben. Das entscheidende ist nämlich längst ***ein für alle Mal*** passiert.
Karfreitag zeigt sich, wie Gott wirklich ist:
In Jesus hat er seine Hände für uns geöffnet. Er hat sich gezeigt nicht als der strafender Gott, nicht als der Gott, der den Bildern von ihm entspricht, nicht als ein Gott, der dreinschlägt, sondern als der Gott, der sich schlagen lässt, der den Weg der Gewaltlosigkeit ging bis zur letzten Konsequenz.
Es ist nicht einfach dem nachzuspüren. Karfreitag kann eine Gelegenheit dazu sein:
Leben in seiner Verletzlichkeit, seiner Brüchigkeit wahrzunehmen, an die Opfer von Gewalt zu denken, die es seit Golgatha gegeben hat.
Es ist Gelegenheit, darüber nachzudenken, was unser letzter Halt ist im Leben und im Sterben.
Er ist Gelegenheit, darüber nachzudenken, wie wir vertrauen lernen können, so wie es Sabine Naegeli in einem ihrer Texte versucht:
Mein Glaube ist nur ein brüchiger Steg über Abgründen;
der nächste Windstoß schon kann ihn spurlos mit sich hinwegreißen.
Vertrauen ist nicht ein Wort meiner Muttersprache.
Noch heute reiße ich mir die Hände daran wund.

Du aber, Herr, hast mir Brücken gebaut über den Tiefen. Deine Hand führt mich sicher zu dir. Du überwindest mein Ur-Misstrauen. Ich fürchte nicht mehr mein Unvermögen.
Ich freue mich deiner Kraft.

Lass ihn ein, den neuen Tag, den mühsalschweren mit seinem grauen Gewand.

Bote ist er, Anruf, heute das Leben zu wagen.

Nicht der Tag macht dich arm, der dir Last aufbürdet, dem Schmerz dich ausliefert.

Arm bleibst du nur, wo du dich weigerst zu lieben, wo du dich wehrst, das Unvollkommene zu umarmen, den Kreuzweg mitzugehen.

Fürchte nichts! Unerschöpflich sind die Quellen dessen, der sich dir zugesagt für jeden neuen Tag.

Amen.

Überwältigend!

Man kann es kaum glauben: Der Winter ist tatsächlich vorbei!

Der Frühling ist eingekehrt mit seinen Freuden: Überall frisches neu hervorbrechendes Grün, bunte Krokusse, die das Herz erfreuen, wärmendes Licht. Schon lange habe ich mich nicht mehr so auf die Frühlingstage gefreut, wie in diesem Jahr! Und jetzt sind sie da! Überwältigend sind die Farben des Frühlings.

Überraschung, Überwältigung das ist auch der Grundton dieses österlichen Bildes von Sieger Köder.

Wir sehen Maria am Grab, traurig aufgelöst, mit zerstörten Hoffnungen und endlosen Fragen.

Wie eine Trümmerlandschaft, so wirkt der Friedhof.

Doch mitten in aller Trostlosigkeit fällt Licht auf das Gesicht von Maria. Im Dunkel und Zwielicht des Friedhofs leuchtet ihr rotes Gewand. Rot - Farbe der Liebe und der Leidenschaft.

In der Mitte des Bildes: das Gesicht von Maria ungläubig und fragend. Wer ist da, wer spricht mich da an in meiner Trauer und Verlassenheit? Im Johannesevangelium lesen wir, wie der

Auferstandene Maria von Magdala am Ostermorgen anredet: Maria! Voll ungläubigen Staunens wendet sie sich um.

Liebe Gemeinde!

Überwältigend sind die österlichen Überlieferungen der Bibel !

Ungläubig, fragend stehen wir davor. So ist auch der Blick von Maria. Und doch erhellt Licht die Szene am Grab. In den biblischen Berichten bahnt sich überwältigende Freude ihren Weg über die Auferstehung Jesu.

Lassen doch auch wir uns anrühren von dieser österlichen Freude, spüren wir Licht und Wärme auf unserem Gesicht, auch wenn wir an so vieles denken, das uns belastet, fesselt, niederdrückt! Jetzt, für einen Moment zumindest gilt das nicht. Hören wir doch, wie er, Gott selbst, zu uns spricht:

Fürchte dich nicht! Lass dich anrühren von meiner Freude!

Geh den Weg aus dem Winter deines Herzens in einen neuen Frühling deines Lebens!

Und ich werde an deiner Seite sein!

Spüren wir, wie Gott uns dazu ermutigt!

„Niemand lasse den Glauben daran fahren, dass Gott an ihm eine große Tat will.“

Dieses Zitat von Martin Luther steht über dem Eingang des Lutherhauses, dem ehemaligen Augustinerkloster in Wittenberg zu lesen, das dem Reformator und seiner Familie als Wohnhaus diente. Typisch Luther! mag man denken, wenn man diesen Satz liest.

Natürlich spiegelt sich in ihm auch Luthers eigene Lebenserfahrung:

Große Taten verbindet man ja schon mit ihm. Wie man auch immer zu ihm stehen mag – ohne Luther sähe unsere Welt heute völlig anders aus. Selber gerühmt hat er sich seiner Taten nicht. Dazu war er wohl auch viel zu beschäftigt und umgetrieben von den Fragen des Glaubens in seiner Zeit.

Stets hatte er dabei die Menschen seiner Zeit vor Augen. Ihnen wendet er sich zu in seelsorgerlicher Absicht.

Das erstaunliche: Solch ein Wort in der Zeit des ausgehenden Mittelalters, einer Zeit, in der ein einzelnes Menschenleben wenig zählte, in der ein früher Tod den Menschen durch Krankheiten, Hunger oder Krieg drohte.

Doch die Entdeckung der Frohbotschaft des Evangeliums hat Luther beflügelt, zu seinen Taten bewegt und immer wieder über sich hinauswachsen lassen Dies überträgt er auf das Leben aller Christen. Unverdrossen, trotzig und verwegen ermuntert er uns zum Wagnis des Glaubens.

Lassen wir uns doch auch beflügeln von diesem Satz!

Ich bin sicher: Mit ihm lassen sich Entdeckungen machen! Schauen wir doch auf unser Leben und entdecken darin überraschendes. Niemand denke zu klein von sich! Erinnern wir uns an unsere Taufe. Daran, dass Gott Ja zu uns sagt – immer wieder neu und neue Wege für uns öffnen will!

Vielleicht kommen Sie sich in der kommenden Zeit ein wenig auf die Spur, erleben etwas neues, dass Sie beflügelt, Ihnen Freude bereitet ?

Vielleicht erblicken Sie einen Weg, wo vorher keiner war, entdecken in etwas Kleinem, Unscheinbarem das ganz Große und kommen ins Staunen?

Ich wünsche Ihnen dazu von Herzen gute Erfahrungen!

Quellen- und Bildnachweise

Als Textgrundlage der Bibelstellen wurde benutzt:
Die Bibel nach der Übersetzung Martin Luthers in der revidierten Fassung von 1984
Hrsg. v. der Evangelischen Kirche in Deutschland

Jens, Walter (Übersetzer)
Die vier Evangelien: Matthäus, Markus, Lukas, Johannes
Stuttgart 1998

Als Textgrundlage der Kirchenlieder wurde benutzt:
Evangelisches Gesangbuch, Ausgabe für die Ev. Kirche im Rheinland
Die Ev. Kirche von Westfalen
Die lippische Landeskirche
Gütersloh 1996
(Abgekürzt: EG)

Wilhelm Wilms, Wussten sie schon ?
In: Hoffnungstexte, hrsg. V. Wolfgang Erk, Stuttgart 1985

Rudolf Alexander Schröder, Es mag sein, dass alles fällt, EG 378

Martin Gotthard Schneider, Ein Schiff, das sich Gemeinde nennt, EG 604

Gerhard Tersteegen, Gott ist gegenwärtig, EG 165

Ludger Edelkötter und Alois Albrecht Kurt Marti, Jetzt ist die Zeit, jetzt ist die Stunde, in:
Volltreffer Liederbox, Daniel Kallauch, Haiterbach-Beihingen, 2005, Nr. 138

Kurt Marti, Der Himmel, der ist, ist nicht der Himmel, der kommt, EG 153

Dieter Trautwein, Weil Gott in tiefster Nacht erschienen, EG 56

Naegeli, Antje Sabine, „Ich spanne die Flügel des Vertrauens aus". Verlag am Eschbach, 2000

Bildnachweis:

Bild auf S. 79 von Sieger Köder aus:

Sieger Köder, Bilder zum Neuen Testament, Schwabenverlag, Nr. 36:

Jesus sagte zu ihr „Maria"(Johannes20). Maria von Magdala am Grab

Für alle anderen Fotos liegen die Urheberrechte beim Verfasser.

Die Bilder auf S. 8, S. 32 und S. 73 zeigen das begehbare Horizont-Observatorium auf der Halde Hoheward in Herten-Süd. Dort erheben sich über einer Kreisfläche zwei ca. 45 m hohe Halbbögen aus Metall, die den Ortsmeridian, bzw. den Himmelsäquator darstellen. Mit ihrer Hilfe kann der Besucher den Lauf der Sonne, des Mondes und der Sterne beobachten.

Sie sind schon von weitem zu sehen und stellen mittlerweile ein neues Wahrzeichen der Metropole Ruhr dar.

Printed by Books on Demand GmbH, Norderstedt / Germany